사랑플러스 편집부 엮음

어린이를 위한
마가복음
쓰기 성경 필사노트

✚ 사랑플러스

이 필사 노트를
다음과 같이 활용하시면 더욱 유익합니다.

❶ 주중에는 성경 말씀을 따라씁니다

• 아이들이 쓰기에 부담스럽지 않도록 주별로 구분하였습니다.

• 일주일에 한 장씩 쓸 수 있습니다.

첫째 주

1장

① 하 나 님 의 　 아 들 　 예 수
그 리 스 도 의 　 복 음 의 　 시 작
이 라 　 ② 선 지 자 　 이 사 야 의
글 에 　 보 라 　 내 가 　 내 　 사
자 를 　 네 　 앞 에 　 보 내 노 니
그 가 　 네 　 길 을 　 준 비 하 리
라 　 ③ 광 야 에 　 외 치 는 　 자
의 　 소 리 가 　 있 어 　 이 르 되
너 희 는 　 주 의 　 길 을 　 준 비
하 라 　 그 의 　 오 실 　 길 을
곧 게 　 하 라 　 기 록 된 　 것 과
같 이 　 ④ 세 례 　 요 한 이 　 광
야 에 　 이 르 러 　 죄 　 사 함 을
받 게 　 하 는 　 회 개 의 　 세 례
를 　 전 파 하 니 　 ⑤ 온 　 유 대
지 방 과 　 예 루 살 렘 　 사 람 이

❷ 주말에는 중요 구절을 암송합니다

• 각 장의 중요 구절을 뽑아 설명을 곁들여 구절에 대한 이해를 돕고 있습니다.

• 일주일에 한 구절을 쓰면서 암송할 수 있습니다.

이번 주 암송 구절

예수께서 이르시되 나를 따라오라 내가 너희로 사람을 낚는
어부가 되게 하리라 하시니 곧 그물을 버려 두고 따르니라
(마가복음 1장 17-18절)

예수님은 지금껏 있었던 어떤 일보다 훨씬 더 위대한 일을 위해 제자들을 부르셨어요.
그리고 제자들은 예수님의 권위에 즉각적으로 순종해서 예수님을 따라나섰어요.

예	수	께	서		이	르	시	되		나	를
따	라	오	라		내	가		너	희	로	
사	람	을		낚	는		어	부	가		되
게		하	리	라		하	시	니		곧	
그	물	을		버	려		두	고		따	르
니	라										

❸ 암송한 성경구절을 확인합니다

• 간단한 게임을 통해 암송한 성경구절을 다시 확인하는 시간을 가집니다.

• 아이들이 재미있게 참여할 수 있습니다.

성경구절 고치기 ▶

암송한 말씀을 기억하며 아래의 문장에서 잘못된 곳을 고쳐보세요.

예 수 께 서 이 르 시 되 나 를 ~~살 아 오 라~~
따 라 오 라

내 가 너 희 로 사 람 을 ~~낚 아 는~~
낚 는

어 부 가 되 게 하 리 라 하 시 니

곧 그 물 을 가 지 고 따 르 니 라

❹ 한 줄 기도로 나만의 기도문을 작성합니다

• 한 주간 말씀을 필사하며 느낀 점을 한 줄 기도로 정리해봅시다.

• 자신의 감정을 정리하여 문장이나 단어로 표현하는 능력을 기를 수 있습니다.

한 줄 기도 ▶

한 주 동안 성경을 따라쓰며 느낀 점을 한 줄 기도로 적어보세요.

예시) 크신 하나님이 나의 아버지가 되어주셔서 감사합니다.

하 나 님 저 를 사 랑 해 주 셔 서 감 사 해 요.

첫째 주

① 하나님의 아들 예수 그리스도의 복음의 시작이라 **②** 선지자 이사야의 글에 보라 내가 내 사자를 네 앞에 보내노니 그가 네 길을 준비하리라 **③** 광야에 외치는 자의 소리가 있어 이르되 너희는 주의 길을 준비하라 그의 오실 길을 곧게 하라 기록된 것과 같이 **④** 세례 요한이 광야에 이르러 죄 사함을 받게 하는 회개의 세례를 전파하니 **⑤** 온 유대 지방과 예루살렘 사람이 다 나아가 자기 죄를

자복하고 요단 강에서
그에게 세례를 받더라
⑥ 요한은 낙타털 옷을
입고 허리에 가죽 띠를
띠고 메뚜기와 석청을
먹더라 ⑦ 그가 전파하여
이르되 나보다 능력 많
으신 이가 내 뒤에 오
시나니 나는 굽혀 그의
신발끈을 풀기도 감당하
지 못하겠노라 ⑧ 나는
너희에게 물로 세례를
베풀었거니와 그는 너희
에게 성령으로 세례를
베푸시리라 ⑨ 그 때에 예
수께서 갈릴리 나사렛으
로부터 와서 요단 강에
서 요한에게 세례를 받

7

으시고 ⑩ 곧 물에서 올

라오실새 하늘이 갈라짐

과 성령이 비둘기 같이

자기에게 내려오심을 보

시더니 ⑪ 하늘로부터 소

리가 나기를 너는 내

사랑하는 아들이라 내가

너를 기뻐하노라 하시니

라 ⑫ 성령이 곧 예수를

광야로 몰아내신지라 ⑬

광야에서 사십 일을 계

시면서 사탄에게 시험을

받으시며 들짐승과 함께

계시니 천사들이 수종들

더라 ⑭ 요한이 잡힌 후

예수께서 갈릴리에 오셔

서 하나님의 복음을 전

파하여 ⑮ 이르시되 때가

찼고 하나님의 나라가
가까이 왔으니 회개하고
복음을 믿으라 하시더라
⑯ 갈릴리 해변으로 지나
가시다가 시몬과 그 형
제 안드레가 바다에 그
물 던지는 것을 보시니
그들은 어부라 ⑰ 예수께
서 이르시되 나를 따라
오라 내가 너희로 사람
을 낚는 어부가 되게
하리라 하시니 ⑱ 곧 그
물을 버려 두고 따르니
라 ⑲ 조금 더 가시다가
세베대의 아들 야고보와
그 형제 요한을 보시니
그들도 배에 있어 그물
을 깁는데 ⑳ 곧 부르시

9

니 그 아버지 세베대를 품꾼들과 함께 배에 버려두고 예수를 따라가니라 21 그들이 가버나움에 들어가니라 예수께서 곧 안식일에 회당에 들어가 가르치시매 22 뭇 사람이 그의 교훈에 놀라니 이는 그가 가르치시는 것이 권위 있는 자와 같고 서기관들과 같지 아니함일러라 23 마침 그들의 회당에 더러운 귀신 들린 사람이 있어 소리 질러 이르되 24 나사렛 예수여 우리가 당신과 무슨 상관이 있나이까 우리를 멸하러

왔나이까 나는 당신이
누구인줄 아노니 하나
님의 거룩한 자니이다
25 예수께서 꾸짖어 이르
시되 잠잠하고 그 사람
에게서 나오라 하시니
26 더러운 귀신이 그 사
람에게 경련을 일으키고
큰 소리를 지르며 나오
는지라 27 다 놀라 서로
물어 이르되 이는 어찜
이냐 권위 있는 새 교
훈이로다 더러운 귀신들
에게 명한즉 순종하는도
다 하더라 28 예수의 소
문이 곧 온 갈릴리 사
방에 퍼지더라 29 회당에
서 나와 곧 야고보와

요한과 함께 시몬과 안
드레의 집에 들어가시니
30 시몬의 장모가 열병으
로 누워 있는지라 사람
들이 곧 그 여자에 대
하여 예수께 여짜온대
31 나아가사 그 손을 잡
아 일으키시니 열병이
떠나고 여자가 그들에게
수종드니라 32 저물어 해
질 때에 모든 병자와
귀신 들린 자를 예수께
데려오니 33 온 동네가
그 문 앞에 모였더라
34 예수께서 각종 병이
든 많은 사람을 고치시
며 많은 귀신을 내쫓으
시되 귀신이 자기를 알

모로 그 말하는 것을
허락하지 아니하시니라
35 새벽 아직도 밝기 전
에 예수께서 일어나 나
가 한적한 곳으로 가사
거기서 기도하시더니 36
시몬과 및 그와 함께
있는 자들이 예수의 뒤
를 따라가 37 만나서 이
르되 모든 사람이 주를
찾나이다 38 이르시되 우
리가 다른 가까운 마을
들로 가자 거기서도 전
도하리니 내가 이를 위
하여 왔노라 하시고 39
이에 온 갈릴리에 다니
시며 그들의 여러 회당
에서 전도하시고 또 귀

신들을 내쫓으시더라 (40) 한 나병환자가 예수께 와서 꿇어 엎드려 간구하여 이르되 원하시면 저를 깨끗하게 하실 수 있나이다 (41) 예수께서 불쌍히 여기사 손을 내밀어 그에게 대시며 이르시되 내가 원하노니 깨끗함을 받으라 하시니 (42) 곧 나병이 그 사람에게서 떠나가고 깨끗하여진지라 (43) 곧 보내시며 엄히 경고하사 (44) 이르시되 삼가 아무에게 아무 말도 하지 말고 가서 네 몸을 제사장에게 보이고 네가 깨끗하게 되었으니 모세가 명한 것을 드려 그들에게 입증하라 하셨더라 ㊺ 그러나 그 사람이 나가서 이 일을 많이 전파하여 널리 퍼지게 하니 그러므로 예수께서 다시는 드러나게 동네에 들어가지 못하시고 오직 바깥 한적한 곳에 계셨으나 사방에서 사람들이 그에게로 나아오더라

예수께서 이르시되 나를 따라오라 내가 너희로 사람을 낚는
어부가 되게 하리라 하시니 곧 그물을 버려 두고 따르니라
(마가복음 1장 17-18절)

예수님은 지금껏 있었던 어떤 일보다 훨씬 더 위대한 일을 위해 제자들을 부르셨어요.
그리고 제자들은 예수님의 권위에 즉각적으로 순종해서 예수님을 따라나섰어요.

예	수	께	서		이	르	시	되		나	를
따	라	오	라		내	가		너	희	로	
사	람	을		낚	는		어	부	가		되
게		하	리	라		하	시	니		곧	
그	물	을		버	려		두	고		따	르
니	라										

암송한 말씀을 기억하며 아래의 문장에서 잘못된 곳을 고쳐보세요.

예수께서 이르시되 나를 찾아오라

내가 너희로 사람을 따르는

어부가 되게 하리라 하시니

곧 그물을 가지고 따르니라

(마가복음 1장 17-18절)

한 줄 기도

한 주 동안 성경을 따라쓰며 느낀 점을 한 줄 기도로 적어보세요.

예시) 크신 하나님이 나의 아버지가 되어주셔서 감사합니다.

둘째 주

1 수일 후에 예수께서 다시 가버나움에 들어가시니 집에 계시다는 소문이 들린지라 2 많은 사람이 모여서 문 앞까지도 들어설 자리가 없게 되었는데 예수께서 그들에게 도를 말씀하시더니 3 사람들이 한 중풍병자를 네 사람에게 메워 가지고 예수께로 올새 4 무리들 때문에 예수께 데려갈 수 없으므로 그 계신 곳의 지붕을 뜯어 구멍을 내고 중풍병자가 누운 상을 달아 내리니 5 예수께서

그들의 믿음을 보시고
중풍병자에게 이르시되
작은 자야 네 죄 사함
을 받았느니라 하시니
⑥ 어떤 서기관들이 거기
앉아서 마음에 생각하기
를 ⑦ 이 사람이 어찌
이렇게 말하는가 신성모
독이로다 오직 하나님
한 분 외에는 누가 능
히 죄를 사하겠느냐 ⑧
그들이 속으로 이렇게
생각하는 줄을 예수께서
곧 중심에 아시고 이르
시되 어찌하여 이것을
마음에 생각하느냐 ⑨ 중
풍병자에게 네 죄 사함
을 받았느니라 하는 말

과 일어나 네 상을 가
지고 걸어가라 하는 말
중에서 어느 것이 쉽겠
느냐 ⑩ 그러나 인자가
땅에서 죄를 사하는 권
세가 있는 줄을 너희로
알게 하려 하노라 하시
고 중풍병자에게 말씀하
시되 ⑪ 내가 네게 이르
노니 일어나 네 상을
가지고 집으로 가라 하
시니 ⑫ 그가 일어나 곧
상을 가지고 모든 사람
앞에서 나가거늘 그들이
다 놀라 하나님께 영광
을 돌리며 이르되 우리
가 이런 일을 도무지
보지 못하였다 하더라

13 예수께서 다시 바닷가에 나가시매 큰 무리가 나왔거늘 예수께서 그들을 가르치시니라 14 또 지나가시다가 알패오의 아들 레위가 세관에 앉아 있는 것을 보시고 그에게 이르시되 나를 따르라 하시니 일어나 따르니라 15 그의 집에 앉아 잡수실 때에 많은 세리와 죄인들이 예수와 그의 제자들과 함께 앉았으니 이는 그러한 사람들이 많이 있어서 예수를 따름이러라 16 바리새인의 서기관들이 예수께서 죄인 및 세리들과

함께 잡수시는 것을 보
고 그의 제자들에게 이
르되 어찌하여 세리 및
죄인들과 함께 먹는가
17 예수께서 들으시고 그
들에게 이르시되 건강한
자에게는 의사가 쓸 데
없고 병든 자에게라야
쓸 데 있느니라 나는
의인을 부르러 온 것이
아니요 죄인을 부르러
왔노라 하시니라 18 요한
의 제자들과 바리새인들
이 금식하고 있는지라
사람들이 예수께 와서
말하되 요한의 제자들과
바리새인의 제자들은 금
식하는데 어찌하여 당신

의　　제자들은　　금식하지
아니하나이까　⑲　예수께서
그들에게　　이르시되　혼인
집　손님들이　　신랑과　함
께　있을　때에　　금식할
수　있느냐　　신랑과　함께
있을　동안에는　　금식할
수　없느니라　⑳　그러나
신랑을　빼앗길　날이　이
르리니　그날에는　　금식할
것이니라　㉑　생베　조각을
낡은　옷에　붙이는　자가
없나니　만일　그렇게　하
면　기운　새　것이　낡은
그것을　당기어　해어짐이
더하게　되느니라　㉒　새
포도주를　낡은　가죽　부
대에　넣는　자가　없나니

만일 그렇게 하면 새
포도주가 부대를 터뜨려
포도주와 부대를 버리게
되리라 오직 새 포도주
는 새 부대에 넣느니라
하시니라 (23) 안식일에 예
수께서 밀밭 사이로 지
나가실새 그의 제자들이
길을 열며 이삭을 자르
니 (24) 바리새인들이 예수
께 말하되 보시오 저들
이 어찌하여 안식일에
하지 못할 일을 하나이
까 (25) 예수께서 이르시되
다윗이 자기와 및 함께
한 자들이 먹을 것이
없어 시장할 때에 한
일을 읽지 못하였느냐

㉖ 그가 아비아달 대제사
장 때에 하나님의 전에
들어가서 제사장 외에는
먹어서는 안 되는 진설
병을 먹고 함께 한 자
들에게도 주지 아니하였
느냐 ㉗ 또 이르시되 안
식일이 사람을 위하여
있는 것이요 사람이 안
식일을 위하여 있는 것
이 아니니 ㉘ 이러므로
인자는 안식일에도 주인
이니라

나는 의인을 부르러 온 것이 아니요
죄인을 부르러 왔노라 하시니라 (마가복음 2장 17b절)

예수님은 자신이 회개가 필요 없는 의인이라고 생각하는 사람들에게는 관심이 없으셨어요.
자기의 죄를 인정하고 기꺼이 그 죄에서 돌아서려는 사람들에게 관심을 가지셨답니다.

나	는		의	인	을		부	르	러		온
것	이		아	니	요		죄	인	을		부
르	러		왔	노	라		하	시	니	라	

암송한 말씀을 기억하며 아래의 문장에서 잘못된 곳을 고쳐보세요.

나는 죄인을 부르러 온 것이 아니요

의인을 부르러 왔노라 하시니라

(마가복음 2장 17b절)

한 줄 기도 ▶

한 주 동안 성경을 따라쓰며 느낀 점을 한 줄 기도로 적어보세요.

예시) 크신 하나님이 나의 아버지가 되어주셔서 감사합니다.

셋째 주

① 예수께서 다시 회당에 들어가시니 한쪽 손 마른 사람이 거기 있는지라 ② 사람들이 예수를 고발하려 하여 안식일에 그 사람을 고치시는가 주시하고 있거늘 ③ 예수께서 손 마른 사람에게 이르시되 한가운데에 일어서라 하시고 ④ 그들에게 이르시되 안식일에 선을 행하는 것과 악을 행하는 것, 생명을 구하는 것과 죽이는 것, 어느 것이 옳으냐 하시니 그들이 잠잠하거늘 ⑤ 그들의 마음이 완악함

을 탄식하사 노하심으로
그들을 둘러보시고 그
사람에게 이르시되 네
손을 내밀라 하시니 내
밀매 그 손이 회복되었
더라 ⑥ 바리새인들이 나
가서 곧 헤롯당과 함께
어떻게 하여 예수를 죽
일까 의논하니라 ⑦ 예수
께서 제자들과 함께 바
다로 물러가시니 갈릴리
에서 큰 무리가 따르며
⑧ 유대와 예루살렘과 이
두매와 요단 강 건너편
과 또 두로와 시돈 근그
처에서 많은 무리가 그
가 하신 큰 일을 듣고
나아오는지라 ⑨ 예수께서

무리가 에워싸 미는 것을 피하기 위하여 작은 배를 대기하도록 제자들에게 명하셨으니 ⑩ 이는 많은 사람을 고치셨으므로 병으로 고생하는 자들이 예수를 만지고자 하여 몰려왔음이더라 ⑪ 더러운 귀신들도 어느 때든지 예수를 보면 그 앞에 엎드려 부르짖어 이르되 당신은 하나님의 아들이니이다 하니 ⑫ 예수께서 자기를 나타내지 말라고 많이 경고하시니라 ⑬ 또 산에 오르사 자기가 원하는 자들을 부르시니 나아온지라 ⑭

30

이에 열둘을 세우셨으니 이는 자기와 함께 있게 하시고 또 보내사 전도도 하며 (15) 귀신을 내쫓는 권능도 가지게 하려 하심이러라 (16) 이 열둘을 세우셨으니 시몬에게는 베드로란 이름을 더하셨고 (17) 또 세베대의 아들 야고보와 야고보의 형제 요한이니 이 둘에게는 보아너게 곧 우레의 아들이란 이름을 더하셨으며 (18) 또 안드레와 빌립과 바돌로매와 마태와 도마와 알패오의 아들 야고보와 및 다대오와 가나나인 시몬이며 (19) 또 가롯 유다니 이는 예수를 판 자더라 20 집에 들어가시니 무리가 다시 모이므로 식사할 겨를도 없는지라 21 예수의 친족들이 듣고 그를 붙들러 나오니 이는 그가 미쳤다 함일러라 22 예루살렘에서 내려온 서기관들은 그가 바알세불이 지폈다 하며 또 귀신의 왕을 힘입어 귀신을 쫓아낸다 하니 23 예수께서 그들을 불러다가 비유로 말씀하시되 사탄이 어찌 사탄을 쫓아낼 수 있느냐 24 또 만일 나라가 스스로 분쟁하면 그 나라가

32

설 수 없고 25 만일 집
이 스스로 분쟁하면 그
집이 설 수 없고 26 만
일 사탄이 자기를 거슬
러 일어나 분쟁하면 설
수 없고 망하느니라 27
사람이 먼저 강한 자를
결박하지 않고는 그 강
한 자의 집에 들어가
세간을 강탈하지 못하리
니 결박한 후에야 그
집을 강탈하리라 28 내가
진실로 너희에게 이르노
니 사람의 모든 죄와
모든 모독하는 일은 사
하심을 얻되 29 누구든지
성령을 모독하는 자는
영원히 사하심을 얻지

못하고 영원한 죄가 되느니라 하시니 30 이는 그들이 말하기를 더러운 귀신이 들렸다 함이러라 31 그 때에 예수의 어머니와 동생들이 와서 밖에 서서 사람을 보내어 예수를 부르니 32 무리가 예수를 둘러 앉았다가 여짜오되 보소서 당신의 어머니와 동생들과 누이들이 밖에서 찾나이다 33 대답하시되 누가 내 어머니이며 동생들이냐 하시고 34 둘러 앉은 자들을 보시며 이르시되 내 어머니와 내 동생들을 보라 35 누구든지 하

나님의 뜻대로 행하는
자가 내 형제요 자매요
어머니이니라

그 사람에게 이르시되 네 손을 내밀라 하시니
내밀매 그 손이 회복되었더라 (마가복음 3장 5b절)

예수님은 예수님에게서 꼬투리를 잡아 고발하려는 사람들의 꾀에 속지 않으셨어요.
오히려 율법을 어기지 않으시면서 말씀만으로 한쪽 손 마른 사람을 낫게 해주셨어요.

그		사	람	에	게		이	르	시	되
네		손	을		내	밀	라		하	시	니
내	밀	매		그		손	이		회	복	되
었	더	라								

암송한 말씀을 기억하며 아래의 문장에서 잘못된 곳을 고쳐보세요.

그 사람에게 이르시되

네 발을 내밀라 하시니

내밀매 그 발이 치료되었더라

(마가복음 3장 5b절)

한 주 동안 성경을 따라쓰며 느낀 점을 한 줄 기도로 적어보세요.

예시) 크신 하나님이 나의 아버지가 되어주셔서 감사합니다.

넷째 주

1 예수께서 다시 바닷가에서 가르치시니 큰 무리가 모여들거늘 예수께서 바다에 떠 있는 배에 올라 앉으시고 온 무리는 바닷가 육지에 있더라 **2** 이에 예수께서 여러 가지를 비유로 가르치시니 그 가르치시는 중에 그들에게 이르시되 **3** 들으라 씨를 뿌리는 자가 뿌리러 나가서 **4** 뿌릴새 더러는 길가에 떨어지매 새들이 와서 먹어 버렸고 **5** 더러는 흙이 얕은 돌밭에 떨어지매 흙이 깊지 아니하

므로 곧 싹이 나오나
⑥ 해가 돋은 후에 타서
뿌리가 없으므로 말랐고
⑦ 더러는 가시떨기에 떨
어지매 가시가 자라 기
운을 막으므로 결실하지
못하였고 ⑧ 더러는 좋은
땅에 떨어지매 자라 무
성하여 결실하였으니 삼
십 배나 육십 배나 백
배가 되었느니라 하시고
⑨ 또 이르시되 들을 귀
있는 자는 들으라 하시
니라 ⑩ 예수께서 홀로
계실 때에 함께 한 사
람들이 열두 제자와 더
불어 그 비유들에 대하
여 물으니 ⑪ 이르시되

39

하나님 나라의 비밀을
너희에게는 주었으나 외
인에게는 모든 것을 비
유로 하나니 (12) 이는 그
들로 보기는 보아도 알
지 못하며 듣기는 들어
도 깨닫지 못하게 하여
돌이켜 죄 사함을 얻지
못하게 하려 함이라 하
시고 (13) 또 이르시되 너
희가 이 비유를 알지
못할진대 어떻게 모든
비유를 알겠느냐 (14) 뿌리
는 자는 말씀을 뿌리는
것이라 (15) 말씀이 길가에
뿌려졌다는 것은 이들을
가리킴이니 곧 말씀을
들었을 때에 사탄이 즉

시 와서 그들에게 뿌려
진 말씀을 빼앗는 것이
요 16 또 이와 같이 돌
밭에 뿌려졌다는 것은
이들을 가리킴이니 곧
말씀을 들을 때에 즉시
기쁨으로 받으나 17 그
속에 뿌리가 없어 잠깐
견디다가 말씀으로 인하
여 환난이나 박해가 일
어나는 때에는 곧 넘어
지는 자요 18 또 어떤
이는 가시떨기에 뿌려진
자니 이들은 말씀을 듣
가는 하되 19 세상의 염
려와 재물의 유혹과 기
타 욕심이 들어와 말씀
을 막아 결실하지 못하

게 되는 자요 20 좋은

땅에 뿌려졌다는 것은

곧 말씀을 듣고 받아

삼십 배나 육십 배나

백 배의 결실을 하는

자니라 21 또 그들에게

이르시되 사람이 등불을

가져오는 것은 말 아래

에나 평상 아래에 두려

함이냐 등경 위에 두려

함이 아니냐 22 드러내려

하지 않고는 숨긴 것이

없고 나타내려 하지 않

고는 감추인 것이 없느

니라 23 들을 귀 있는

자는 들으라 24 또 이르

시되 너희가 무엇을 듣

는가 스스로 삼가라 너

42

희의 헤아리는 그 헤아
림으로 너희가 헤아림을
받을 것이며 더 받으리
니 25 있는 자는 받을
것이요 없는 자는 그
있는 것까지도 빼앗기리
라 26 또 이르시되 하나
님의 나라는 사람이 씨
를 땅에 뿌림과 같으니
27 그가 밤낮 자고 깨고
하는 중에 씨가 나서
자라되 어떻게 그리 되
는지를 알지 못하느니라
28 땅이 스스로 열매를
맺되 처음에는 싹이요
다음에는 이삭이요 그
다음에는 이삭에 충실한
곡식이라 29 열매가 익으

43

면 곧 낫을 대나니 이
는 추수 때가 이르렀음
이라 30 또 이르시되 우
리가 하나님의 나라를
어떻게 비교하며 또 무
순 비유로 나타낼까 31
겨자씨 한 알과 같으니
땅에 심길 때에는 땅
위의 모든 씨보다 작은
것이로되 32 심긴 후에는
자라서 모든 풀보다 커
지며 큰 가지를 내나니
공중의 새들이 그 그늘
에 깃들일 만큼 되느니
라 33 예수께서 이러한
많은 비유로 그들이 알
아 들을 수 있는 대로
말씀을 가르치시되 34 비

유가 아니면 말씀하지 아니하시고 다만 혼자 계실 때에 그 제자들에게 모든 것을 해석하시더라 (35) 그 날 저물 때에 제자들에게 이르시되 우리가 저편으로 건너가자 하시니 (36) 그들이 무리를 떠나 예수를 배에 계신 그대로 모시고 가매 다른 배들도 함께 하더니 (37) 큰 광풍이 일어나며 물결이 배에 부딪쳐 들어와 배에 가득하게 되었더라 (38) 예수께서는 고물에서 베개를 베고 주무시더니 제자들이 깨우며 이르되 선생님이여 우리가 죽게 된 것을 돌보지 아니하시나이까 하니 39 예수께서 깨어 바람을 꾸짖으시며 바다더러 이르시되 잠잠하라 고요하라 하시니 바람이 그치고 아주 잔잔하여지더라 40 이에 제자들에게 이르시되 어찌하여 이렇게 무서워하느냐 너희가 어찌 믿음이 없느냐 하시니 41 그들이 심히 두려워하여 서로 말하되 그가 누구이기에 바람과 바다도 순종하는가 하였더라

예수께서 깨어 바람을 꾸짖으시며 바다더러 이르시되
잠잠하라 고요하라 하시니 바람이 그치고
아주 잔잔하여지더라 (마가복음 4장 39절)

하나님 나라는 사람의 힘이나 노력으로 이루어지지 않아요. 그곳은 하나님의 완전한 통치가 있는 곳이에요. 하나님이신 예수님은 바람과 바다를 꾸짖어 순종시키셔서 그것을 보여주셨어요.

예	수	께	서		깨	어		바	람	을
꾸	짖	으	시	며		바	다	더	러		이
르	시	되		잠	잠	하	라		고	요	하
라		하	시	니		바	람	이		그	치
고		아	주		잔	잔	하	여	지	더	라

암송한 말씀을 기억하며 아래의 문장에서 잘못된 곳을 고쳐보세요.

예수께서 깨어 바람을 달래시며

바다더러 이르시되 멈춰라 고요하라 하시니

바람이 멈추고 아주 잔잔하여지더라

(마가복음 4장 39절)

한 줄 기도

한 주 동안 성경을 따라쓰며 느낀 점을 한 줄 기도로 적어보세요.

예시) 크신 하나님이 나의 아버지가 되어주셔서 감사합니다.

다섯째 주

5장

① 예수께서 바다 건너편

거라사인의 지방에 이르

러 ② 배에서 나오시매

곧 더러운 귀신 들린

사람이 무덤 사이에서

나와 예수를 만나니라

③ 그 사람은 무덤 사이

에 거처하는데 이제는

아무도 그를 쇠사슬로도

맬 수 없게 되었으니

④ 이는 여러 번 고랑과

쇠사슬에 매였어도 쇠사

슬을 끊고 고랑을 깨뜨

렸음이러라 그리하여 아

무도 그를 제어할 힘이

없는지라 ⑤ 밤낮 무덤

사이에서나 산에서나 늘

소리 지르며 돌로 자기
의 몸을 해치고 있었더
라 ❻ 그가 멀리서 예수
를 보고 달려와 절하며
❼ 큰 소리로 부르짖어
이르되 지극히 높으신
하나님의 아들 예수여
나와 당신이 무슨 상관
이 있나이까 원하건대
하나님 앞에 맹세하고
나를 괴롭히지 마옵소서
하니 ❽ 이는 예수께서
이미 그에게 이르시기를
더러운 귀신아 그 사람
에게서 나오라 하셨음이
라 ❾ 이에 물으시되 네
이름이 무엇이냐 이르되
내 이름은 군대니 우리

가　많음이니이다　하고
⑩ 자기를　그　지방에서
내보내지　마시기를　간구
하더니　⑪ 마침　거기　돼
지의　큰　떼가　산　곁에
서　먹고　있는지라　⑫ 이
에　간구하여　이르되　우
리를　돼지에게로　보내어
들어가게　하소서　하니
⑬ 허락하신대　더러운　귀
신들이　나와서　돼지에게
로　들어가매　거의　이천
마리　되는　떼가　바다를
향하여　비탈로　내리달아
바다에서　몰사하거늘　⑭
치던　자들이　도망하여
읍내와　여러　마을에　말
하니　사람들이　어떻게

되었는지를 보러 와서
15 예수께 이르러 그 귀
신 들렸던 자 곧 군대
귀신 지폈던 자가 옷을
입고 정신이 온전하여
앉은 것을 보고 두려워
하더라 16 이에 귀신 들
렸던 자가 당한 것과
돼지의 일을 본 자들이
그들에게 알리매 17 그들
이 예수께 그 지방에서
떠나시기를 간구하더라
18 예수께서 배에 오르실
때에 귀신 들렸던 사람
이 함께 있기를 간구하
였으나 19 허락하지 아니
하시고 그에게 이르시되
집으로 돌아가 주께서

네게 어떻게 큰 일을
행하사 너를 불쌍히 여
기신 것을 네 가족에게
알리라 하시니 ⑳ 그가
가서 예수께서 자기에게
어떻게 큰 일 행하셨는
지를 데가볼리에 전파하
니 모든 사람이 놀랍게
여기더라 ㉑ 예수께서 배
를 타시고 다시 맞은편
으로 건너가시니 큰 무
리가 그에게로 모이거늘
이에 바닷가에 계시더니
㉒ 회당장 중의 하나인
야이로라 하는 이가 와
서 예수를 보고 발 아
래 엎드리어 ㉓ 간곡히
구하여 이르되 내 어린

딸이 죽게 되었사오니
오셔서 그 위에 손을
없으사 그로 구원을 받
아 살게 하소서 하거늘
㉔ 이에 그와 함께 가실
새 큰 무리가 따라가며
에워싸 밀더라 ㉕ 열두
해를 혈루증으로 앓아
온 한 여자가 있어 ㉖
많은 의사에게 많은 괴
로움을 받았고 가진 것
도 다 허비하였으되 아
무 효험이 없고 도리어
더 중하여졌던 차에 ㉗
예수의 소문을 듣고 무
리 가운데 끼어 뒤로
와서 그의 옷에 손을
대니 ㉘ 이는 내가 그의

옷에만 손을 대어도 구원을 받으리라 생각함일러라 29이에 그의 혈루 근원이 곧 마르매 병이 나은 줄을 몸에 깨달으니라 30예수께서 그 능력이 자기에게서 나간 줄을 곧 스스로 아시고 무리 가운데서 돌이켜 말씀하시되 누가 내 옷에 손을 대었느냐 하시니 31제자들이 여짜오되 무리가 에워싸 미는 것을 보시며 누가 내게 손을 대었느냐 물으시나이까 하되 32예수께서 이 일 행한 여자를 보려고 둘러보시니 33여자

가 자기에게 이루어진
일을 알고 두려워하여
떨며 와서 그 앞에 엎
드려 모든 사실을 여쭈
니 ㉞예수께서 이르시되
딸아 네 믿음이 너를
구원하였으니 평안히 가
라 네 병에서 놓여 건
강할지어다 ㉟아직 예수
께서 말씀하실 때에 회
당장의 집에서 사람들이
와서 회당장에게 이르되
당신의 딸이 죽었나이다
어찌하여 선생을 더 괴
롭게 하나이까 ㊱예수께
서 그 하는 말을 곁에
서 들으시고 회당장에게
이르시되 두려워하지 말

57

고　　민기만　　하라　하시고
㊲　베드로와　　야고보와　　야
고보의　　형제　요한　외에
아무도　　따라옴을　허락하
지　아니하시고　　㊳　회당장
의　집에　　함께　가사　떠
드는　　것과　　사람들이　　울
며　　심히　통곡함을　　보시
고　　㊴　들어가서　　그들에게
이르시되　　너희가　어찌하
여　떠들며　우느냐　이
아이가　죽은　것이　아니
라　잔다　하시니　㊵　그들
이　비웃더라　예수께서
그들을　다　내보내신　　후
에　아이의　부모와　또
자기와　함께　한　자들을
데리시고　아이　있는　곳

에 들어가 사 ㊶그 아이
의 손을 잡고 이르시되
달리다굼 하시니 번역하
면 곧 내가 네게 말하
노니 소녀야 일어나라
하심이라 ㊷소녀가 곧
일어나서 걸으니 나이가
열두 살이라 사람들이
곧 크게 놀라고 놀라거
늘 ㊸예수께서 이 일을
아무도 알지 못하게 하
라고 그들을 많이 경계
하시고 이에 소녀에게
먹을 것을 주라 하시니
라

예수께서 이르시되 딸아 네 믿음이 너를 구원하였으니
평안히 가라 네 병에서 놓여 건강할지어다 (마가복음 5장 34절)

예수님은 옷에 손을 댄 여인에게 '딸'이라고 부르셨어요. 그리고 그 여인은 육체적 고침만 받은 것이 아니에요. 하나님의 자녀로 인정받았고 영적 고침도 받게 되었어요. 이처럼 예수님을 믿는 사람은 하나님과 평화가 이루어져요.

예	수	께	서		이	르	시	되		딸	아
네		믿	음	이		너	를		구	원	하
였	으	니		평	안	히		가	라		네
병	에	서		놓	여		건	강	할	지	어
다											

암송한 말씀을 기억하며 아래의 문장에서 잘못된 곳을 고쳐보세요.

예수께서 이르시되

딸아 네 마음이 너를 구원하였으니

즐겁게 가라 네 병에서 놓여 강건할지어다

(마가복음 5장 34절)

한 주 동안 성경을 따라쓰며 느낀 점을 한 줄 기도로 적어보세요.

예시) 크신 하나님이 나의 아버지가 되어주셔서 감사합니다.

여섯째 주

① 예수께서 거기를 떠나 사 고향으로 가시니 제 자들도 따르니라 ② 안식 일이 되어 회당에서 가 르치시니 많은 사람이 이 듣고 놀라 이르되 이 사람이 어디서 이런 것 을 얻었느냐 이 사람이 받은 지혜와 그 손으로 이루어지는 이런 권능이 어찌됨이냐 ③ 이 사람이 마리아의 아들 목수가 아니냐 야고보와 요셉과 유다와 시몬의 형제가 아니냐 그 누이들이 우 리와 함께 여기 있지 아니하냐 하고 예수를

배척한지라 ④ 예수께서 그들에게 이르시되 선지자가 자기 고향과 자기 친척과 자기 집 외에서는 존경을 받지 못함이 없느니라 하시며 ⑤ 거기서는 아무 권능도 행하실 수 없어 다만 소수의 병자에게 안수하여 고치실 뿐이었고 ⑥ 그들이 믿지 않음을 이상히 여기셨더라 이에 모든 촌에 두루 다니시며 가르치시더라 ⑦ 열두 제자를 부르사 둘씩 둘씩 보내시며 더러운 귀신을 제어하는 권능을 주시고 ⑧ 명하시되 여행을 위하

여 지팡이 외에는 양식
이나 배낭이나 전대의
돈이나 아무 것도 가지
지 말며 ⑨ 신만 신고
두 벌 옷도 입지 말라
하시고 ⑩ 또 이르시되
어디서든지 누구의 집에
들어가거든 그곳을 떠나
기까지 거기 유하라 ⑪
어느 곳에서든지 너희를
영접하지 아니하고 너희
말을 듣지도 아니하거든
거기서 나갈 때에 발
아래 먼지를 떨어버려
그들에게 증거를 삼으라
하시니 ⑫ 제자들이 나가
서 회개하라 전파하고
⑬ 많은 귀신을 쫓아내며

많은 병자에게 기름을
발라 고치더라 14 이에
예수의 이름이 드러난지
라 헤롯 왕이 듣고 이
르되 이는 세례 요한이
죽은 자 가운데서 살아
났도다 그러므로 이런
능력이 그 속에서 일어
나느니라 하고 15 어떤
이는 그가 엘리야라 하
고 또 어떤 이는 그가
선지자니 옛 선지자 중
의 하나와 같다 하되
16 헤롯은 듣고 이르되
내가 목 벤 요한 그가
살아났다 하더라 17 전에
헤롯이 자기가 동생 빌
립의 아내 헤로디아에게

65

장가든 고로 이 여자를
위하여 사람을 보내어
요한을 잡아 옥에 가두
었으니 ⑱ 이는 요한이
헤롯에게 말하되 동생의
아내를 취한 것이 옳지
않다 하였음이라 ⑲ 헤로
디아가 요한을 원수로
여겨 죽이고자 하였으되
하지 못한 것은 ⑳ 헤롯
이 요한을 의롭고 거룩
한 사람으로 알고 두려
워하여 보호하며 또 그
의 말을 들을 때에 크
게 번민을 하면서도 달
갑게 들음이러라 ㉑ 마침
기회가 좋은 날이 왔으
니 곧 헤롯이 자기 생

일에 대신들과 천부장들
과 갈릴리의 귀인들로
더불어 잔치할새 22 헤로
디아의 딸이 친히 들어
와 춤을 추어 헤롯과
그와 함께 앉은 자들을
기쁘게 한지라 왕이 그
소녀에게 이르되 무엇이
든지 네가 원하는 것을
내게 구하라 내가 주리
라 하고 23 또 맹세하기
를 무엇이든지 네가 내
게 구하면 내 나라의
절반까지라도 주리라 하
거늘 24 그가 나가서 그
어머니에게 말하되 내가
무엇을 구하리이까 그
어머니가 이르되 세례

요한의 머리를 구하라
하니 25 그가 곧 왕에게
급히 들어가 구하여 이
르되 세례 요한의 머리
를 소반에 얹어 곧 내
게 주기를 원하옵나이다
하니 26 왕이 심히 근심
하나 자기가 맹세한 것
과 그 앉은 자들로 인
하여 그를 거절할 수
없는지라 27 왕이 곧 시
위병 하나를 보내어 요
한의 머리를 가져오라
명하니 그 사람이 나가
옥에서 요한을 목 베어
28 그 머리를 소반에 얹
어다가 소녀에게 주니
소녀가 이것을 그 어머

68

니에게 주니라 ㉙ 요한의
제자들이 듣고 와서 시
체를 가져다가 장사하니
라 ㉚ 사도들이 예수께
모여 자기들이 행한 것
과 가르친 것을 낱낱이
고하니 ㉛ 이르시되 너희
는 따로 한적한 곳에
가서 잠깐 쉬어라 하시
니 이는 오고 가는 사
람이 많아 음식 먹을
겨를도 없음이라 ㉜ 이에
배를 타고 따로 한적한
곳에 갈새 ㉝ 그들이 가
는 것을 보고 많은 사
람이 그들인 줄 안지라
모든 고을로부터 도보로
그곳에 달려와 그들보다

먼저 갔더라 34 예수께서
나오사 큰 무리를 보시
고 그 목자 없는 양
같음으로 인하여 불쌍히
여기사 이에 여러 가지
로 가르치시더라 35 때가
저물어가매 제자들이 예
수께 나아와 여짜오되
이곳은 빈 들이요 날도
저물어가니 36 무리를 보
내어 두루 촌과 마을로
가서 무엇을 사 먹게
하옵소서 37 대답하여 이
르시되 너희가 먹을 것
을 주라 하시니 여짜오
되 우리가 가서 이백
데나리온의 떡을 사다
먹이리이까 38 이르시되

너희에게 떡 몇 개나
있는지 가서 보라 하시
니 알아보고 이르되 떡
다섯 개와 물고기 두
마리가 있더이다 하거늘
39 제자들에게 명하사 그
모든 사람으로 떼를 지
어 푸른 잔디 위에 앉
게 하시니 40 떼로 백
명씩 또는 오십 명씩
앉은지라 41 예수께서 떡
다섯 개와 물고기 두
마리를 가지사 하늘을
우러러 축사하시고 떡을
떼어 제자들에게 주어
사람들에게 나누어 주게
하시고 또 물고기 두
마리도 모든 사람에게

나누시매 42 다 배불리
먹고 43 남은 떡 조각과
물고기를 열두 바구니에
차게 거두었으며 44 떡을
먹은 남자는 오천 명이
었더라 45 예수께서 즉시
제자들을 재촉하사 자기
가 무리를 보내는 동안
에 배 타고 앞서 건너
편 벳새다로 가게 하시
고 46 무리를 작별하신
후에 기도하러 산으로
가시니라 47 저물매 배는
바다 가운데 있고 예수
께서는 홀로 물에 계시
다가 48 바람이 거스르므
로 제자들이 힘겹게 노
젓는 것을 보시고 밤

사경쯤에 바다 위로 걸어서 그들에게 오사 지나가려고 하시매 ㊾ 제자들이 그가 바다 위로 걸어 오심을 보고 유령인가 하여 소리 지르니 ㊿ 그들이 다 예수를 보고 놀람이라 이에 예수께서 곧 그들에게 말씀하여 이르시되 안심하라 내니 두려워하지 말라 하시고 (51) 배에 올라 그들에게 가시니 바람이 그치는지라 제자들이 마음에 심히 놀라니 (52) 이는 그들이 그 떡 떼시던 일을 깨닫지 못하고 도리어 그 마음이 둔하

여졌음이러라 (53) 건너가
게네사렛 땅에 이르러
대고 (54) 배에서 내리니
사람들이 곧 예수신 줄
을 알고 (55) 그 온 지방
으로 달려 돌아 다니며
예수께서 어디 계시다는
말을 듣는 대로 병든
자를 침상째로 메고 나
아오니 (56) 아무 데나 예
수께서 들어가시는 지방
이나 도시나 마을에서
병자를 시장에 두고 예
수께 그의 옷 가에라도
손을 대게 하시기를 간
구하니 손을 대는 자는
다 성함을 얻으니라

예수께서 나오사 큰 무리를 보시고 그 목자 없는 양 같음으로
인하여 불쌍히 여기사 이에 여러 가지로 가르치시더라
(마가복음 6장 34절)

많은 사람이 예수님을 따랐어요. 예수님은 그들이 의지할 데 없고 배고프며, 영적 인도와
보호를 받지 못하고 죄와 영적 멸망 가운데 있음을 보시고 불쌍히 여기셨어요.

예	수	께	서		나	오	사		큰		무
리	를		보	시	고		그		목	자	
없	는		양		갈	음	으	로		인	하
여		불	쌍	히		여	기	사		이	에
여	러		가	지	로		가	르	치	시	더
라											

암송한 말씀을 기억하며 아래의 문장에서 잘못된 곳을 고쳐보세요.

예수께서 지나가사 큰 무리를 보시고

그 인도자 있는 양 같음으로 인하여

안쓰럽게 여기사 이에 여러 가지로

가르치시더라

(마가복음 6장 34절)

한 주 동안 성경을 따라쓰며 느낀 점을 한 줄 기도로 적어보세요.

예시) 크신 하나님이 나의 아버지가 되어주셔서 감사합니다.

7장

1 바리새인들과 또 서기
관 중 몇이 예루살렘에
서 와서 모여들
었다가 2 그의 제자 중
몇 사람이 부정한 손
곧 씻지 아니한 손으로
떡 먹는 것을 보았더라
3 (바리새인들과 모든
유대인들은 장로들의 전
통을 지키어 손을 잘
씻지 않고서는 음식을
먹지 아니하며 4 또 시
장에서 돌아와서도 물을
뿌리지 않고서는 먹지
아니하며 그 외에도 여
러 가지를 지키어 오는
것이 있으니 잔과 주발

과　　놋그릇을　　씻음이러라)
⑤　이에　　바리새인들과　　서
기관들이　　예수께　　묻되
어찌하여　　당신의　　제자들
은　　장로들의　　전통을　　준
행하지　　아니하고　　부정한
손으로　　떡을　　먹나이까
⑥　이르시되　　이사야가　　너
희　　외식하는　　자에　　대하
여　　잘　　예언하였도다　　기
록하였으되　　이　　백성이
입술로는　　나를　　공경하되
마음은　　내게서　　멀도다
⑦　사람의　　계명으로　　교훈
을　　삼아　　가르치니　　나를
헛되이　　경배하는도다　　하
였느니라　　⑧　너희가　　하나
님의　　계명은　　버리고　　사

79

람의 전통을 지키느니라
9 또 이르시되 너희가
너희 전통을 지키려고
하나님의 계명을 잘 저
버리는도다 10 모세는 네
부모를 공경하라 하고
또 아버지나 어머니를
모욕하는 자는 죽임을
당하리라 하였거늘 11 너
희는 이르되 사람이 아
버지에게나 어머니에게나
말하기를 내가 드려 유
익하게 할 것이 고르반
곧 하나님께 드림이 되
었다고 하기만 하면 그
만이라 하고 12 자기 아
버지나 어머니에게 다시
아무 것도 하여 드리기

를 허락하지 아니하여 13 너희가 전한 전통으로 하나님의 말씀을 폐하며 또 이같은 일을 많이 행하느니라 하시고 14 무리를 다시 불러 이르시되 너희는 다 내 말을 듣고 깨달으라 15 무엇이든지 밖에서 사람에게로 들어가는 것은 능히 사람을 더럽게 하지 못하되 16 사람 안에서 나오는 것이 사람을 더럽게 하는 것이니라 하시고 17 무리를 떠나 집으로 들어가시니 제자들이 그 비유를 묻자온대 18 예수께서 이르시되 너희도 이렇게 깨달음이 없느냐 무엇이든지 밖에서 들어 가는 것이 능히 사람을 더럽게 하지 못함을 알 지 못하느냐 (19) 이는 마 음으로 들어가지 아니하 고 배로 들어가 뒤로 나감이라 이러므로 모든 음식물을 깨끗하다 하시 니라 (20) 또 이르시되 사 람에게서 나오는 그것이 사람을 더럽게 하느니라 (21) 속에서 곧 사람의 마 음에서 나오는 것은 악 한 생각 곧 음란과 도 둑질과 살인과 (22) 간음과 탐욕과 악독과 속임과 음탕과 질투와 비방과

교만과 우매함이니 23 이
모든 악한 것이 다 속
에서 나와서 사람을 더
럽게 하느니라 24 예수께
서 일어나사 거기를 떠
나 두로 지방으로 가서
한 집에 들어가 아무도
모르게 하시려 하나 숨
길 수 없더라 25 이에
더러운 귀신 들린 어린
딸을 둔 한 여자가 예
수의 소문을 듣고 곧
와서 그 발 아래에 엎
드리니 26 그 여자는 헬
라인이요 수로보니게 족
속이라 자기 딸에게서
귀신 쫓아내 주시기를
간구하거늘 27 예수께서

이르시되 자녀로 먼저
배불리 먹게 할지니 자
녀의 떡을 취하여 개들
에게 던짐이 마땅치 아
니하니라 28 여자가 대답
하여 이르되 주여 옳소
이다마는 상 아래 개들
도 아이들이 먹던 부스
러기를 먹나이다 29 예수
께서 이르시되 이 말을
하였으니 돌아가라 귀신
이 네 딸에게서 나갔느
니라 하시매 30 여자가
집에 돌아가 본즉 아이
가 침상에 누웠고 귀신
이 나갔더라 31 예수께서
다시 두로 지방에서 나
와 시돈을 지나고 데가

볼리 지방을 통과하여
갈릴리 호수에 이르시매
㉜사람들이 귀 먹고 말
더듬는 자를 데리고 예
수께 나아와 안수하여
주시기를 간구하거늘 ㉝
예수께서 그 사람을 따
로 데리고 무리를 떠나
사 손가락을 그의 양
귀에 넣고 침을 뱉어
그의 혀에 손을 대시며
㉞하늘을 우러러 탄식하
시며 그에게 이르시되
에바다 하시니 이는 열
리라는 뜻이라 ㉟그의
귀가 열리고 혀가 맺힌
것이 곧 풀려 말이 분
명하여졌더라 ㊱예수께서

그들에게 경고하사 아무
에게도 이르지 말라 하
시되 경고하실수록 그들
이 더욱 널리 전파하니
37 사람들이 심히 놀라
이르되 그가 모든 것을
잘하였도다 못 듣는 사
람도 듣게 하고 말 못
하는 사람도 말하게 한
다 하니라

또 이르시되 사람에게서 나오는 그것이
사람을 더럽게 하느니라 (마가복음 7장 20절)

종교 지도자들은 씻지 않은 손으로 음식을 먹으면 더러운 사람이 된다고 가르쳤어요.
그러나 사람을 더럽게 하는 것은 사람의 마음에서 나오는 악한 것들이에요.

또		이	르	시	되		사	람	에	게	서
나	오	는		그	것	이		사	람	을	
더	럽	게		하	느	니	라				

암송한 말씀을 기억하며 아래의 문장에서 잘못된 곳을 고쳐보세요.

또 이르시되 우리에게서 나오는 그것이

사람을 깨끗하게 하느니라

(마가복음 7장 20절)

한 주 동안 성경을 따라쓰며 느낀 점을 한 줄 기도로 적어보세요.

예시) 크신 하나님이 나의 아버지가 되어주셔서 감사합니다.

① 그 무렵에 또 큰 무리가 있어 먹을 것이 없는지라 예수께서 제자들을 불러 이르시되 ② 내가 무리를 불쌍히 여기노라 그들이 나와 함께 있은 지 이미 사흘이 지났으나 먹을 것이 없도다 ③ 만일 내가 그들을 굶겨 집으로 보내면 길에서 기진하리라 그중에는 멀리서 온 사람들도 있느니라 ④ 제자들이 대답하되 이 광야 어디서 떡을 얻어 이 사람들로 배부르게 할 수 있으리이까 ⑤ 예수께

서　　　물으시되　　너희에게
떡　　　몇　　개나　　있느냐　　　이
르되　　　일곱이로소이다　　　하
거늘　　⑥　예수께서　　　무리를
명하여　　땅에　　앉게　　하시
고　　떡　　일곱　　개를　　　가지
사　　축사하시고　　　떼어　　　제
자들에게　　주어　　　나누어
주게　　하시니　　제자들이
무리에게　　나누어　　주더라
⑦　또　작은　　생선　　두어
마리가　　있는지라　　　이에
축복하시고　　명하사　　이것
도　　나누어　　주게　　하시니
⑧　배불리　　먹고　　남은　　　조
각　　일곱　광주리를　　　거두
었으며　　⑨　사람은　　약　　사
천　　명이었더라　　예수께서

그들을 흩어 보내시고
⑩ 곧 제자들과 함께 배
에 오르사 달마누다 지
방으로 가시니라 ⑪ 바리
새인들이 나와서 예수를
힐난하며 그를 시험하여
하늘로부터 오는 표적을
구하거늘 ⑫ 예수께서 마
음속으로 깊이 탄식하시
며 이르시되 어찌하여
이 세대가 표적을 구하
느냐 내가 진실로 너희
에게 이르노니 이 세대
에 표적을 주지 아니하
리라 하시고 ⑬ 그들을
떠나 다시 배에 올라
건너편으로 가시니라 ⑭
제자들이 떡 가져오기를

잊었으매 배에 떡 한
개밖에 그들에게 없더라
⑮ 예수께서 경고하여 이
르시되 삼가 바리새인들
의 누룩과 헤롯의 누룩
을 주의하라 하시니 ⑯
제자들이 서로 수군거리
기를 이는 우리에게 떡
이 없음이로다 하거늘
⑰ 예수께서 아시고 이르
시되 너희가 어찌 떡이
없음으로 수군거리느냐
아직도 알지 못하며 깨
닫지 못하느냐 너희 마
음이 둔하냐 ⑱ 너희가
눈이 있어도 보지 못하
며 귀가 있어도 듣지
못하느냐 또 기억하지

못하느냐 [19] 내가 떡 다
섯 개를 오천 명에게
떼어 줄 때에 조각 몇
바구니를 거두었더냐 이
르되 열둘이니이다 [20] 또
일곱 개를 사천 명에게
떼어 줄 때에 조각 몇
광주리를 거두었더냐 이
르되 일곱이니이다 [21] 이
르시되 아직도 깨닫지
못하느냐 하시니라 [22] 벳
새다에 이르매 사람들이
맹인 한 사람을 데리고
예수께 나아와 손 대시
기를 구하거늘 [23] 예수께
서 맹인의 손을 붙잡으
시고 마을 밖으로 데리
고 나가사 눈에 침을

94

밸으시며 그에게 안수하
시고 무엇이 보이느냐
물으시니 (24) 쳐다보며 이
르되 사람들이 보이나이
다 나무 같은 것들이
걸어 가는 것을 보나이
다 하거늘 (25) 이에 그
눈에 다시 안수하시매
그가 주목하여 보더니
나아서 모든 것을 밝히
보는지라 (26) 예수께서 그
사람을 집으로 보내시며
이르시되 마을에는 들어
가지 말라 하시니라 (27)
예수와 제자들이 빌립보
가이사랴 여러 마을로
나가실새 길에서 제자들
에게 물어 이르시되 사

람들이 나를 누구라고 하느냐 ²⁸제자들이 여짜와 이르되 세례 요한이라 하고 더러는 엘리야, 더러는 선지자 중의 하나라 하나이다 ²⁹또 물으시되 너희는 나를 누구라 하느냐 베드로가 대답하여 이르되 주는 그리스도시니이다 하매 ³⁰이에 자기의 일을 아무에게도 말하지 말라 경고하시고 ³¹인자가 많은 고난을 받고 장로들과 대제사장들과 서기관들에게 버린 바 되어 죽임을 당하고 사흘 만에 살아나야 할 것을 비로소 그들에게 가르치시되 32 드러내 놓고 이 말씀을 하시니 베드로가 예수를 붙들고 항변하매 33 예수께서 돌이키사 제자들을 보시며 베드로를 꾸짖어 이르시되 사탄아 내 뒤로 물러가라 네가 하나님의 일을 생각하지 아니하고 도리어 사람의 일을 생각하는도다 하시고 34 무리와 제자들을 불러 이르시되 누구든지 나를 따라오려거든 자기를 부인하고 자기 십자가를 지고 나를 따를 것이니라 35 누구든지 자기 목숨을 구원하고자

하면 잃을 것이요 누구
든지 나와 복음을 위하
여 자기 목숨을 잃으면
구원하리라 36 사람이 만
일 온 천하를 얻고도
자기 목숨을 잃으면 무
엇이 유익하리요 37 사람
이 무엇을 주고 자기
목숨과 바꾸겠느냐 38 누
구든지 이 음란하고 죄
많은 세대에서 나와 내
말을 부끄러워하면 인자
도 아버지의 영광으로
거룩한 천사들과 함께
올 때에 그 사람을 부
끄러워하리라

98

누구든지 나를 따라오려거든 자기를 부인하고
자기 십자가를 지고 나를 따를 것이니라 (마가복음 8장 34b절)

부인한다는 말은 자기 자신을 옳다고 하지 않고 예수님을 삶의 왕좌에 모시는 것을 의미해요. 예수님을 따르는 제자는 예수님이 자기를 다스리시는 분임을 믿고 자신의 힘이 아닌 예수님의 힘을 의지해서 살아요.

누	구	든	지		나	를		따	라	오	려
거	든		자	기	를		부	인	하	고	
자	기		십	자	가	를		지	고		나
를		따	를		것	이	니	라			

암송한 말씀을 기억하며 아래의 문장에서 잘못된 곳을 고쳐보세요.

누구든지 나를 쫓아오려거든

자기를 부인하고 나의 십자가를 지고

나를 따를 것이니라

(마가복음 8장 34b절)

한 주 동안 성경을 따라쓰며 느낀 점을 한 줄 기도로 적어보세요.
예시) 크신 하나님이 나의 아버지가 되어주셔서 감사합니다.

아홉째 주

9장

① 또 그들에게 이르시되
내가 진실로 너희에게
이르노니 여기 서 있는
사람 중에는 죽기 전에
하나님의 나라가 권능으
로 임하는 것을 볼 자
들도 있느니라 하시니라
② 엿새 후에 예수께서
베드로와 야고보와 요한
을 데리시고 따로 높은
산에 올라가셨더니 그들
앞에서 변형되사 ③ 그
옷이 광채가 나며 세상
에서 빨래하는 자가 그
렇게 희게 할 수 없을
만큼 매우 희어졌더라
④ 이에 엘리야가 모세와

함께 그들에게 나타나
예수와 더불어 말하거늘
⑤ 베드로가 예수께 고하
되 랍비여 우리가 여기
있는 것이 좋사오니 우
리가 초막 셋을 짓되
하나는 주를 위하여,
하나는 모세를 위하여,
하나는 엘리야를 위하여
하사이다 하니 ⑥ 이는
그들이 몹시 무서워하므
로 그가 무슨 말을 할
지 알지 못함이더라 ⑦
마침 구름이 와서 그들
을 덮으며 구름 속에서
소리가 나되 이는 내
사랑하는 아들이니 너희
는 그의 말을 들으라

하는지라 ⑧문득 둘러보
니 아무도 보이지 아니
하고 오직 예수와 자기
들뿐이었더라 ⑨그들이
산에서 내려올 때에 예
수께서 경고하시되 인자
가 죽은 자 가운데서
살아날 때까지는 본 것
을 아무에게도 이르지
말라 하시니 ⑩그들이
이 말씀을 마음에 두며
서로 문의하되 죽은 자
가운데서 살아나는 것이
무엇일까 하고 ⑪이에
예수께 묻자와 이르되
어찌하여 서기관들이 엘
리야가 먼저 와야 하리
라 하나이까 ⑫이르시되

엘리야가 과연 먼저 와
서 모든 것을 회복하거
니와 어찌 인자에 대하
여 기록하기를 많은 고
난을 받고 멸시를 당하
리라 하였느냐 ⑬ 그러나
내가 너희에게 이르노니
엘리야가 왔으되 기록된
바와 같이 사람들이 함
부로 대우하였느니라 하
시니라 ⑭ 이에 그들이
제자들에게 와서 보니
큰 무리가 그들을 둘러
싸고 서기관들이 그들과
더불어 변론하고 있더라
⑮ 온 무리가 곧 예수를
보고 매우 놀라며 달려
와 문안하거늘 ⑯ 예수께

서　　물으시되　　너희가　　무
엇을　　그들과　　변론하느냐
⑰ 무리　중의　　하나가　　대
답하되　선생님　　말　못하
게　귀신　들린　　내　아들
을　선생님께　데려왔나이
다　 ⑱ 귀신이　어디서든지
그를　잡으면　거꾸러져
거품을　흘리며　이를　갈
며　그리고　파리해지는지
라　내가　선생님의　제자
들에게　내쫓아　달라　하
였으나　그들이　능히　하
지　못하더이다 ⑲ 대답하
여　이르시되　믿음이　없
는　세대여　내가　얼마나
너희와　함께　있으며　얼
마나　너희에게　참으리요

그를　내게로　데려오라
하시매　[20]이에　데리고
오니　귀신이　예수를　보
고　곧　그　아이로　심히
경련을　일으키게　하는지
라　그가　땅에　엎드러져
구르며　거품을　흘리더라
[21]예수께서　그　아버지에
게　물으시되　언제부터
이렇게　되었느냐　하시니
이르되　어릴　때부터니이
다　[22]귀신이　그를　죽이
려고　불과　물에　자주
던졌나이다　그러나　무엇
을　하실　수　있거든　우
리를　불쌍히　여기사　도
와　주옵소서　[23]예수께서
이르시되　할　수　있거든

이 무슨 말이냐 믿는
자에게는 능히 하지 못
할 일이 없느니라 하시
니 ㉔곧 그 아이의 아
버지가 소리를 질러 이
르되 내가 믿나이다 나
의 믿음 없는 것을 도
와주소서 하더라 ㉕예
수께서 무리가 달려와
모이는 것을 보시고 그
더러운 귀신을 꾸짖어
이르시되 말 못하고 못
듣는 귀신아 내가 네게
명하노니 그 아이에게서
나오고 다시 들어가지
말라 하시매 ㉖귀신이
소리 지르며 아이로 심
히 경련을 일으키게 하

고 나가니 그 아이가
죽은 것같이 되어 많은
사람이 말하기를 죽었다
하나 27 예수께서 그 손
을 잡아 일으키시니 이
에 일어서니라 28 집에
들어가시매 제자들이 조
용히 묻자오되 우리는
어찌하여 능히 그 귀신
을 쫓아내지 못하였나이
까 29 이르시되 기도 외
에 다른 것으로는 이런
종류가 나갈 수 없느니
라 하시니라 30 그곳을
떠나 갈릴리 가운데로
지날새 예수께서 아무에
게도 알리고자 아니하시
니 31 이는 제자들을 가

르치시며 또 인자가 사람들의 손에 넘겨져 죽임을 당하고 죽은 지 삼일 만에 살아나리라는 것을 말씀하셨기 때문이더라 **32** 그러나 제자들은 이 말씀을 깨닫지 못하고 묻기도 두려워하더라 **33** 가버나움에 이르러 집에 계실새 제자들에게 물으시되 너희가 길에서 서로 토론한 것이 무엇이냐 하시되 **34** 그들이 잠잠하니 이는 길에서 서로 누가 크냐 하고 쟁론하였음이라 **35** 예수께서 앉으사 열두 제자를 불러서 이르시되 누구든

지　첫째가　되고자　하면

뭇　사람의　끝이　되며

뭇　사람을　섬기는　자가

되어야　하리라　하시고

36 어린　아이　하나를　데

려다가　그들　가운데　세

우시고　안으시며　제자들

에게　이르시되　37 누구든

지　내　이름으로　이런

어린　아이　하나를　영접

하면　곧　나를　영접함이

요　누구든지　나를　영접

하면　나를　영접함이　아

니요　나를　보내신　이를

영접함이니라　38 요한이

예수께　여짜오되　선생님

우리를　따르지　않는　어

떤　자가　주의　이름으로

111

귀신을 내쫓는 것을 우리가 보고 우리를 따르지 아니하므로 금하였나이다 **39** 예수께서 이르시되 금하지 말라 내 이름을 의탁하여 능한 일을 행하고 즉시로 나를 비방할 자가 없느니라 **40** 우리를 반대하지 않는 자는 우리를 위하는 자니라 **41** 누구든지 너희가 그리스도에게 속한 자라 하여 물 한 그릇이라도 주면 내가 진실로 너희에게 이르노니 그가 결코 상을 잃지 않으리라 **42** 또 누구든지 나를 믿는 이 작은 자들 중

하나라도 실족하게 하면
차라리 연자맷돌이 그
목에 매여 바다에 던져
지는 것이 나으리라 43
만일 네 손이 너를 범
죄하게 하거든 찍어버리
라 장애인으로 영생에
들어가는 것이 두 손을
가지고 지옥 곧 꺼지지
않는 불에 들어가는 것
보다 나으니라 44 (없음)
45 만일 네 발이 너를
범죄하게 하거든 찍어버
리라 다리 저는 자로
영생에 들어가는 것이
두 발을 가지고 지옥에
던져지는 것보다 나으니
라 46 (없음) 47 만일

113

네 눈이 너를 범죄하게
하거든 빼버리라 한 눈
으로 하나님의 나라에
들어가는 것이 두 눈을
가지고 지옥에 던져지는
것보다 나으니라 (48) 거기
에서는 구더기도 죽지
않고 불도 꺼지지 아니
하느니라 (49) 사람마다 불
로써 소금 치듯 함을
받으리라 (50) 소금은 좋은
것이로되 만일 소금이
그 맛을 잃으면 무엇으
로 이를 짜게 하리요
너희 속에 소금을 두고
서로 화목하라 하시니라

누구든지 내 이름으로 이런 어린 아이 하나를 영접하면 곧
나를 영접함이요 누구든지 나를 영접하면 나를 영접함이
아니요 나를 보내신 이를 영접함이니라 (마가복음 9장 37절)

하나님 나라에서의 지위는 기꺼이 다른 사람을 섬기고자 하는 마음과 다른 사람을 받아들
이는 태도로 결정돼요. 그렇기에 예수님의 제자들이 가져야 할 가장 중요한 마음과 태도는
겸손과 섬김이랍니다.

누	구	든	지		내		이	름	으	로
이	런		어	린		아	이		하	나	를
영	접	하	면		곤		나	를		영	접
함	이	요		누	구	든	지		나	를
영	접	하	면		나	를		영	접	함	이
아	니	요		나	를		보	내	신		이
를		영	접	함	이	니	라

암송한 말씀을 기억하며 아래의 문장에서 잘못된 곳을 고쳐보세요.

누구든지 내 마음으로 이런 어린 아이 하나를

대하면 곧 나를 영접함이요

누구든지 나를 영접하면 나를 영접함이 아니요

너를 부르신 분을 영접함이니라

(마가복음 9장 37절)

한 주 동안 성경을 따라쓰며 느낀 점을 한 줄 기도로 적어보세요.

예시) 크신 하나님이 나의 아버지가 되어주셔서 감사합니다.

열째 주

1 예수께서 거기서 떠나 유대 지경과 요단 강 건너편으로 가시니 무리 가 다시 모여들거늘 예수께서 다시 전례대로 가르치시더니 2 바리새인 들이 예수께 나아와 그를 시험하여 묻되 사람 이 아내를 버리는 것이 옳으니이까 3 대답하여 이르시되 모세가 어떻게 너희에게 명하였느냐 4 이르되 모세는 이혼 증 서를 써주어 버리기를 허락하였나이다 5 예수께 서 그들에게 이르시되 너희 마음이 완악함으로

118

말미암아 이 명령을 기
록하였거니와 (6)창조 때
로부터 사람을 남자와
여자로 지으셨으니 (7)이
러므로 사람이 그 부모
를 떠나서 (8)그 둘이
한 몸이 될지니라 이러
한즉 이제 둘이 아니요
한 몸이니 (9)그러므로
하나님이 짝지어 주신
것을 사람이 나누지 못
할지니라 하시더라 (10)집
에서 제자들이 다시 이
일을 물으니 (11)이르시되
누구든지 그 아내를 버
리고 다른 데에 장가드
는 자는 본처에게 간음
을 행함이요 (12)또 아내

가 남편을 버리고 다른
데로 시집가면 간음을
행함이니라 ⑬ 사람들이
예수께서 만져 주심을
바라고 어린 아이들을
데리고 오매 제자들이
꾸짖거늘 ⑭ 예수께서 보
시고 노하시어 이르시되
어린 아이들이 내게 오
는 것을 용납하고 금하
지 말라 하나님의 나라
가 이런 자의 것이니라
⑮ 내가 진실로 너희에게
이르노니 누구든지 하나
님의 나라를 어린 아이
와 같이 받들지 않는
자는 결단코 그곳에 들
어가지 못하리라 하시고

120

16 그 어린 아이들을 안고 그들 위에 안수하시고 축복하시니라 17 예수께서 길에 나가실새 한 사람이 달려와서 꿇어 앉아 묻자오되 선한 선생님이여 내가 무엇을 하여야 영생을 얻으리이까 18 예수께서 이르시되 네가 어찌하여 나를 선하다 일컫느냐 하나님 한 분 외에는 선한 이가 없느니라 19 네가 계명을 아나니 살인하지 말라, 간음하지 말라, 도둑질하지 말라, 거짓 증언하지 말라, 속여 빼앗지 말라, 네 부모

121

를　　공경하라　　하였느니라
20　그가　　여짜오되　　선생님
이여　　이것은　　내가　　어려
서부터　　다　　지켰나이다
21　예수께서　　그를　　보시고
사랑하사　　이르시되　　네게
아직도　　한　　가지　　부족한
것이　　있으니　　가서　　네게
있는　　것을　　다　　팔아　　가
난한　　자들에게　　주라　　그
리하면　　하늘에서　　보화가
네게　　있으리라　　그리고
와서　　나를　　따르라　　하시
니　　22　그　　사람은　　재물이
많은　　고로　　이　　말씀으로
인하여　　슬픈　　기색을　　띠
고　　근심하며　　가니라　　23
예수께서　　둘러　　보시고

제자들에게 이르시되 재
물이 있는 자는 하나님
의 나라에 들어가기가
심히 어렵도다 하시니
24 제자들이 그 말씀에
놀라는지라 예수께서 다
시 대답하여 이르시되
얘들아 하나님의 나라에
들어가기가 얼마나 어려
운지 25 낙타가 바늘귀로
나가는 것이 부자가 하
나님의 나라에 들어가는
것보다 쉬우니라 하시니
26 제자들이 매우 놀라
서로 말하되 그런즉 누
가 구원을 얻을 수 있
는가 하니 27 예수께서
그들을 보시며 이르시되

사람으로는 할 수 없으
되 하나님으로는 그렇지
아니하니 하나님으로서는
다 하실 수 있느니라
28 베드로가 여짜와 이르
되 보소서 우리가 모든
것을 버리고 주를 따랐
나이다 29 예수께서 이르
시되 내가 진실로 너희
에게 이르노니 나와 복
음을 위하여 집이나 형
제나 자매나 어머니나
아버지나 자식이나 전토
를 버린 자는 30 현세에
있어 집과 형제와 자매
와 어머니와 자식과 전
토를 백 배나 받되 박
해를 겸하여 받고 내세

에 영생을 받지 못할 자가 없느니라 ③1 그러나 먼저 된 자로서 나중 되고 나중 된 자로서 먼저 될 자가 많으니라 ③2 예루살렘으로 올라가는 길에 예수께서 그들 앞에 서서 가시는데 그들이 놀라고 따르는 자들은 두려워하더라 이에 다시 열두 제자를 데리시고 자기가 당할 일을 말씀하여 이르시되 ③3 보라 우리가 예루살렘에 올라가노니 인자가 대제사장들과 서기관들에게 넘겨지매 그들이 죽이기로 결의하고 이방인들에

게 넘겨 주겠고 34 그들

은 능욕하며 침 뱉으며

채찍질하고 죽일 것이나

그는 삼 일 만에 살아

나리라 하시니라 35 세베

대의 아들 야고보와 요

한이 주께 나아와 여짜

오되 선생님이여 무엇이

든지 우리가 구하는 바

를 우리에게 하여 주시

기를 원하옵나이다 36 이

르시되 너희에게 무엇을

하여 주기를 원하느냐

37 여짜오되 주의 영광 중

에서 우리를 하나는 주

의 우편에, 하나는 좌

편에 앉게 하여 주옵소

서 38 예수께서 이르시되

너희는 너희가 구하는
것을 알지 못하는도다
내가 마시는 잔을 너희
가 마실 수 있으며 내
가 받는 세례를 너희가
받을 수 있느냐 39 그들
이 말하되 할 수 있나
이다 예수께서 이르시되
너희는 내가 마시는 잔
을 마시며 내가 받는
세례를 받으려니와 40 내
좌우편에 앉는 것은 내
가 줄 것이 아니라 누
구를 위하여 준비되었든
지 그들이 얻을 것이니
라 41 열 제자가 듣고
야고보와 요한에 대하여
화를 내거늘 42 예수께서

불러다가 이르시되 이방
인의 집권자들이 그들을
임의로 주관하고 그 고
관들이 그들에게 권세를
부리는 줄을 너희가 알
거니와 43 너희 중에는
그렇지 않을지니 너희
중에 누구든지 크고자
하는 자는 너희를 섬기
는 자가 되고 44 너희
중에 누구든지 으뜸이
되고자 하는 자는 모든
사람의 종이 되어야 하
리라 45 인자가 온 것은
섬김을 받으려 함이 아
니라 도리어 섬기려 하
고 자기 목숨을 많은
사람의 대속물로 주려

함이니라 46 그들이 여리
고에 이르렀더니 예수께
서 제자들과 허다한 무
리와 함께 여리고에서
나가실 때에 디매오의
아들인 맹인 거지 바디
매오가 길가에 앉았다가
47 나사렛 예수시란 말을
듣고 소리 질러 이르되
다윗의 자손 예수여 나
를 불쌍히 여기소서 하
거늘 48 많은 사람이 꾸
짖어 잠잠하라 하되 그
가 더욱 크게 소리 질
러 이르되 다윗의 자손
이여 나를 불쌍히 여기
소서 하는지라 49 예수께
서 머물러 서서 그를

부르라 하시니 그들이
그 맹인을 부르며 이르
되 안심하고 일어나라
그가 너를 부르신다 하
매 50 맹인이 겉옷을 내
버리고 뛰어 일어나 예
수께 나아오거늘 51 예수
께서 말씀하여 이르시되
네게 무엇을 하여 주기
를 원하느냐 맹인이 이
르되 선생님이여 보기를
원하나이다 52 예수께서
이르시되 가라 네 믿음
이 너를 구원하였느니라
하시니 그가 곧 보게
되어 예수를 길에서 따
르니라

인자가 온 것은 섬김을 받으려 함이 아니라 도리어 섬기려
하고 자기 목숨을 많은 사람의 대속물로 주려 함이니라
(마가복음 10장 45절)

예수님은 섬김을 받으려고 세상에 오신 게 아니에요. 자신을 낮추시고 종의 역할을 하시며,
자기 목숨을 대속물로 주기 위해 오셨답니다. 대속물은 포로나 노예를 자유롭게 할 때 내는
값이에요. 예수님은 자기 생명으로 사람들을 죄에서 자유롭게 하셨어요.

인	자	가		온		것	은		섬	김	을
받	으	려		함	이		아	니	라		도
리	어		섬	기	려		하	고		자	기
목	숨	을		많	은		사	람	의		대
속	물	로		주	려		함	이	니	라	

암송한 말씀을 기억하며 아래의 문장에서 잘못된 곳을 고쳐보세요.

인자가 온 것은 사랑을 받으려 함이 아니라

도리어 섬기려 하고 자기 생명을

많은 사람의 선물로 주려 함이니라

(마가복음 10장 45절)

한 줄 기도

한 주 동안 성경을 따라쓰며 느낀 점을 한 줄 기도로 적어보세요.
예시) 크신 하나님이 나의 아버지가 되어주셔서 감사합니다.

① 그들이 예루살렘에 가
까이 와서 감람산 벳
바게와 베다니에 이르렀
을 때에 예수께서 제자
중 둘을 보내시며 ② 이
르시되 너희는 맞은편
마을로 가라 그리로 들
어가면 곧 아직 아무도
타 보지 않은 나귀 새
끼가 매여 있는 것을
보리니 풀어 끌고 오라
③ 만일 누가 너희에게
왜 이렇게 하느냐 묻거
든 주가 쓰시겠다 하라
그리하면 즉시 이리로
보내리라 하시니 ④ 제자
들이 가서 본즉 나귀

새끼가 문 앞 거리에
매여 있는지라 그것을
푸니 ⑤ 거기 서 있는
사람 중 어떤 이들이
이르되 나귀 새끼를 풀
어 무엇 하려느냐 하매
⑥ 제자들이 예수께서 이
르신 대로 말한대 이에
허락하는지라 ⑦ 나귀 새
끼를 예수께로 끌고 와
서 자기들의 겉옷을 그
위에 얹어 놓으매 예수
께서 타시니 ⑧ 많은 사
람들은 자기들의 겉옷을,
또 다른 이들은 들에서
벤 나뭇가지를 길에 펴
며 ⑨ 앞에서 가고 뒤에
서 따르는 자들이 소리

지르되 호산나 찬송하리
로다 주의 이름으로 오
시는 이여 ⑩ 찬송하리로
다 오는 우리 조상 다
윗의 나라여 가장 높은
곳에서 호산나 하더라
⑪ 예수께서 예루살렘에
이르러 성전에 들어가사
모든 것을 둘러 보시고
때가 이미 저물매 열두
제자를 데리시고 베다니
에 나가시니라 ⑫ 이튿날
그들이 베다니에서 나왔
을 때에 예수께서 시장
하신지라 ⑬ 멀리서 잎사
귀 있는 한 무화과나무
를 보시고 혹 그 나무
에 무엇이 있을까 하여

136

가셨더니 가서 보신즉
잎사귀 외에 아무 것도
없더라 이는 무화과의
때가 아님이라 ⑭예수께
서 나무에게 말씀하여
이르시되 이제부터 영원
토록 사람이 네게서 열
매를 따 먹지 못하리라
하시니 제자들이 이를
듣더라 ⑮그들이 예루살
렘에 들어가니라 예수께
서 성전에 들어가사 성
전 안에서 매매하는 자
들을 내쫓으시며 돈 바
꾸는 자들의 상과 비둘
기 파는 자들의 의자를
둘러 엎으시며 ⑯아무나
물건을 가지고 성전 안

으로 지나다 님을 허락하
지 아니하시고 ⑰ 이에
가르쳐 이르시되 기록된
바 내 집은 만민이 기
도하는 집이라 칭함을
받으리라고 하지 아니하
였느냐 너희는 강도의
소굴을 만들었도다 하시
매 ⑱ 대제사장들과 서기
관들이 듣고 예수를 어
떻게 죽일까 하고 꾀하
니 이는 무리가 다 그
의 교훈을 놀랍게 여기
므로 그를 두려워함일러
라 ⑲ 그리고 날이 저물
매 그들이 성 밖으로
나가더라 ⑳ 그들이 아침
에 지나갈 때에 무화과

나무가 뿌리째 마른 것
을 보고 21 베드로가 생
각이 나서 여짜오되 랍
비여 보소서 저주하신
무화과나무가 말랐나이다
22 예수께서 그들에게 대
답하여 이르시되 하나님
을 믿으라 23 내가 진실
로 너희에게 이르노니
누구든지 이 산더러 들
리어 바다에 던져지라
하며 그 말하는 것이
이루어질 줄 믿고 마음
에 의심하지 아니하면
그대로 되리라 24 그러므
로 내가 너희에게 말하
노니 무엇이든지 기도하
고 구하는 것은 받은

줄로 믿으라 그리하면
너희에게 그대로 되리라
㉕ 서서 기도할 때에 아
무에게나 혐의가 있거든
용서하라 그리하여야 하
늘에 계신 너희 아버지
께서도 너희 허물을 사
하여 주시리라 하시니라
㉖ （없음） ㉗ 그들이 다
시 예루살렘에 들어가니
라 예수께서 성전에서
거니실 때에 대제사장들
과 서기관들과 장로들이
나아와 ㉘ 이르되 무슨
권위로 이런 일을 하느
냐 누가 이런 일 할
권위를 주었느냐 ㉙ 예수
께서 이르시되 나도 한

말을 너희에게 물으리니
대답하라 그리하면 나도
무슨 권위로 이런 일을
하는지 이르리라 (30) 요한
의 세례가 하늘로부터냐
사람으로부터냐 내게 대
답하라 (31) 그들이 서로
의논하여 이르되 만일
하늘로부터라 하면 어찌
하여 그를 믿지 아니하
였느냐 할 것이니 (32) 그
러면 사람으로부터라 할
까 하였으나 모든 사람
이 요한을 참 선지자로
여기므로 그들이 백성을
두려워하는지라 (33) 이에
예수께 대답하여 이르되
우리가 알지 못하노라

하니 예수께서 이르시되
나도 무슨 권위로 이런
일을 하는지 너희에게
이르지 아니하리라 하시
니라

호산나 찬송하리로다 주의 이름으로 오시는 이여
찬송하리로다 오는 우리 조상 다윗의 나라여
가장 높은 곳에서 호산나 하더라 (마가복음 11장 9b-10절)

예수님이 어린 나귀를 타고 예루살렘 성에 들어오실 때, 많은 사람이 환호했어요. 그리곤
예수님이 다윗의 왕위를 잇는 구원자라고 외쳤어요. 이 모습은 구약성경에서 예언하신
말씀이 성취된 것이에요.

호	산	나		찬	송	하	리	로	다		주
의		이	름	으	로		오	시	는		이
여		찬	송	하	리	로	다		오	는	
우	리		조	상		다	윗	의		나	라
여		가	장		높	은		곳	에	서	
호	산	나		하	더	라					

암송한 말씀을 기억하며 아래의 문장에서 잘못된 곳을 고쳐보세요.

> 호산나 찬양하리로다
>
> 주의 이름으로 오시는 이여 찬송하리로다
>
> 오는 우리 조상 아브라함의 나라여
>
> 가장 낮은 곳에서 호산나 하더라
>
> (마가복음 11장 9b-10절)

한 줄 기도

한 주 동안 성경을 따라쓰며 느낀 점을 한 줄 기도로 적어보세요.

예시) 크신 하나님이 나의 아버지가 되어주셔서 감사합니다.

① 예수께서 비유로 그들
에게 말씀하시되 한 사
람이 포도원을 만들어
산울타리로 두르고 즙
짜는 틀을 만들고 망대
를 지어서 농부들에게
세로 주고 타국에 갔더
니 ② 때가 이르매 농부
들에게 포도원 소출 얼
마를 받으려고 한 종을
보내니 ③ 그들이 종을
잡아 심히 때리고 거저
보내었거늘 ④ 다시 다른
종을 보내니 그의 머리
에 상처를 내고 능욕하
였거늘 ⑤ 또 다른 종을
보내니 그들이 그를 죽

이고 또 그 외 많은

종들도 더러는 때리고

더러는 죽인지라 ⑥ 이제

한 사람이 남았으니 곧

그가 사랑하는 아들이라

최후로 이를 보내며 이

르되 내 아들은 존대하

리라 하였더니 ⑦ 그 농

부들이 서로 말하되 이

는 상속자니 자 죽이자

그러면 그 유산이 우리

것이 되리라 하고 ⑧ 이

에 잡아 죽여 포도원

밖에 내던졌느니라 ⑨ 포

도원 주인이 어떻게 하

겠느냐 와서 그 농부들

을 진멸하고 포도원을

다른 사람들에게 주리라

147

⑩ 너희가 성경에 건축자
들이 버린 돌이 모퉁이
의 머릿돌이 되었나니
⑪ 이것은 주로 말미암아
된 것이요 우리 눈에
놀랍도다 함을 읽어 보
지도 못하였느냐 하시니
라 ⑫ 그들이 예수의 이
비유가 자기들을 가리켜
말씀하심인 줄 알고 잡
고자 하되 무리를 두려
워하여 예수를 두고 가
니라 ⑬ 그들이 예수의
말씀을 책잡으려 하여
바리새인과 헤롯당 중에
서 사람을 보내매 ⑭ 와
서 이르되 선생님이여
우리가 아노니 당신은

참되시고 아무도 꺼리는 일이 없으시니 이는 사람을 외모로 보지 않고 오직 진리로써 하나님의 도를 가르치심이니이다 가이사에게 세금을 바치는 것이 옳으니이까 옳지 아니하니이까 **15** 우리가 바치리이까 말리이까 한대 예수께서 그 외식함을 아시고 이르시되 어찌하여 나를 시험하느냐 데나리온 하나를 가져다가 내게 보이라 하시니 **16** 가져왔거늘 예수께서 이르시되 이 형상과 이 글이 누구의 것이냐 이르되 가이사의

것이니이다 ⑰ 이에 예수
께서 이르시되 가이사의
것은 가이사에게, 하나
님의 것은 하나님께 바
치라 하시니 그들이 예
수께 대하여 매우 놀랍
게 여기더라 ⑱ 부활이
없다 하는 사두개인들이
예수께 와서 물어 이르
되 ⑲ 선생님이여 모세가
우리에게 써 주기를 어
떤 사람의 형이 자식이
없이 아내를 두고 죽으
면 그 동생이 그 아내
를 취하여 형을 위하여
상속자를 세울지니라 하
였나이다 ⑳ 칠 형제가
있었는데 맏이가 아내를

취하였다가 상속자가 없
이 죽고 ㉑둘째도 그
여자를 취하였다가 상속
자가 없이 죽고 셋째도
그렇게 하여 ㉒일곱이
다 상속자가 없었고 최
후에 여자도 죽었나이다
㉓일곱 사람이 다 그를
아내로 취하였으니 부활
때 곧 그들이 살아날
때에 그 중의 누구의 아
내가 되리이까 ㉔예수께
서 이르시되 너희가 성
경도 하나님의 능력도
알지 못하므로 오해함이
아니냐 ㉕사람이 죽은
자 가운데서 살아날 때
에는 장가도 아니 가고

151

시집도 아니 가고 하늘에 있는 천사들과 같으니라 26 죽은 자가 살아난다는 것을 말할진대 너희가 모세의 책 중 가시나무 떨기에 관한 글에 하나님께서 모세에게 이르시되 나는 아브라함의 하나님이요 이삭의 하나님이요 야곱의 하나님이로라 하신 말씀을 읽어보지 못하였느냐 27 하나님은 죽은 자의 하나님이 아니요 산 자의 하나님이시라 너희가 크게 오해하였도다 하시니라 28 서기관 중 한 사람이 그들이 변론하는

것을 듣고 예수께서 잘
대답하신 줄을 알고 나
아와 묻되 모든 계명
중에 첫째가 무엇이니이
까 29 예수께서 대답하시
되 첫째는 이것이니 이
스라엘아 들으라 주 곧
우리 하나님은 유일한
주시라 30 네 마음을 다
하고 목숨을 다하고 뜻
을 다하고 힘을 다하여
주 너의 하나님을 사랑
하라 하신 것이요 31 둘
째는 이것이니 네 이웃
을 네 자신과 같이 사
랑하라 하신 것이라 이
보다 더 큰 계명이 없
느니라 32 서기관이 이르

되 선생님이여 옳소이다
하나님은 한 분이시요
그 외에 다른 이가 없
다 하신 말씀이 참이니
이다 ③③ 또 마음을 다 하
고 지혜를 다 하고 힘을
다 하여 하나님을 사랑 하
는 것과 또 이웃을 자
기 자신과 같이 사랑 하
는 것이 전체로 드리는
모든 번제물과 기타 제
물보다 나으니이다 ③④ 예
수께서 그가 지혜 있게
대답함을 보시고 이르시
되 네가 하나님의 나라
에서 멀지 않도다 하시
니 그 후에 감히 묻는
자가 없더라 ③⑤ 예수께서

154

성전에서 가르치실새 대답하여 이르시되 어찌하여 서기관들이 그리스도를 다윗의 자손이라 하느냐 (36) 다윗이 성령에 감동되어 친히 말하되 주께서 내 주께 이르시되 내가 네 원수를 네 발 아래에 둘 때까지 내 우편에 앉았으라 하셨도다 하였느니라 (37) 다윗이 그리스도를 주라 하였은즉 어찌 그의 자손이 되겠느냐 하시니 많은 사람들이 즐겁게 듣더라 (38) 예수께서 가르치실 때에 이르시되 긴 옷을 입고 다니는 것과

시장에서 문안 받는 것
과 ㊴회당의 높은 자리
와 잔치의 윗자리를 원
하는 서기관들을 삼가라
㊵그들은 과부의 가산을
삼키며 외식으로 길게
기도하는 자니 그 받는
판결이 더욱 중하리라
하시니라 ㊶예수께서 헌
금함을 대하여 앉으사
무리가 어떻게 헌금함에
돈 넣는가를 보실새 여
러 부자는 많이 넣는데
㊷한 가난한 과부는 와
서 두 렙돈 곧 한 고
드란트를 넣는지라 ㊸예
수께서 제자들을 불러다
가 이르시되 내가 진실

로 너희에게 이르노니
이 가난한 과부는 헌금
함에 넣는 모든 사람보
다 많이 넣었도다 ㊹그
들은 다 그 풍족한 중
에서 넣었거니와 이 과
부는 그 가난한 중에서
자기의 모든 소유 곧
생활비 전부를 넣었느니
라 하시니라

157

첫째는 이것이니 … 네 마음을 다하고 목숨을 다하고 뜻을
다하고 힘을 다하여 주 너의 하나님을 사랑하라 하신 것이요
둘째는 이것이니 네 이웃을 네 자신과 같이 사랑하라 하신
것이라 (마가복음 12장 29-31절)

계명 중에 가장 큰 계명은 하나님 사랑과 이웃 사랑이에요. 이것은 곧 하나님이 주신
십계명의 요약이지요. 하나님을 참되게 사랑하는 사람은 반드시 이웃을 참되게 사랑해요.

첫	째	는		이	것	이	니		…		네
마	음	을		다	하	고		목	숨	을	
다	하	고		뜻	을		다	하	고		힘
을		다	하	여		주		너	의		하
나	님	을		사	랑	하	라		하	신	
것	이	요		둘	째	는		이	것	이	니
네		이	웃	을		네		자	신	과	
같	이		사	랑	하	라		하	신		것
이	라										

암송한 말씀을 기억하며 아래의 문장에서 잘못된 곳을 고쳐보세요.

첫째는 이것이니 … 네 마음을 다하고 목숨을

다하고 생각을 다하고 힘을 다하여

주 너의 하나님을 사모하라 하신 것이요

둘째는 이것이니 네 친구를 네 자신과 같이

사랑하라 하신 것이라

(마가복음 12장 29-31절)

한 주 동안 성경을 따라쓰며 느낀 점을 한 줄 기도로 적어보세요.

예시) 크신 하나님이 나의 아버지가 되어주셔서 감사합니다.

13장

1 예수께서 성전에서 나가실 때에 제자 중 하나가 이르되 선생님이여 보소서 이 돌들이 어떠하며 이 건물들이 어떠하니이까 2 예수께서 이르시되 네가 이 큰 건물들을 보느냐 돌 하나도 돌 위에 남지 않고 다 무너뜨려지리라 하시니라 3 예수께서 감람산에서 성전을 마주 대하여 앉으셨을 때에 베드로와 야고보와 요한과 안드레가 조용히 묻되 4 우리에게 이르소서 어느 때에 이런 일이 있

겠사오며 이 모든 일이
이루어지려 할 때에 무
슨 징조가 있사오리이까 너
⑤ 예수께서 이르시되 너
희가 사람의 미혹을 받
지 않도록 주의하라 ⑥
많은 사람이 내 이름으
로 와서 이르되 내가
그라 하여 많은 사람을
미혹하리라 ⑦ 난리와 난
리의 소문을 들을 때에
두려워하지 말라 이런
일이 있어야 하되 아직
끝은 아니니라 ⑧ 민족이
민족을, 나라가 나라를
대적하여 일어나겠고 곳
곳에 지진이 있으며 기
근이 있으리니 이는 재

161

난의 시작이니라 ⑨ 너희
는 스스로 조심하라 사
람들이 너희를 공회에
넘겨 주겠고 너희를 회
당에서 매질하겠으며 나
로 말미암아 너희가 권
력자들과 임금들 앞에
서리니 이는 그들에게
증거가 되려 함이라 ⑩
또 복음이 먼저 만국에
전파되어야 할 것이니라
⑪ 사람들이 너희를 끌어
다가 넘겨 줄 때에 무
슨 말을 할까 미리 염
려하지 말고 무엇이든지
그때에 너희에게 주시는
그 말을 하라 말하는
이는 너희가 아니요 성

령이시니라 ⑫ 형제가 형
제를, 아버지가 자식을
죽는 데에 내주며 자식
들이 부모를 대적하여
죽게 하리라 ⑬ 또 너희
가 내 이름으로 말미암
아 모든 사람에게 미움
을 받을 것이나 끝까지
견디는 자는 구원을 받
으리라 ⑭ 멸망의 가증한
것이 서지 못할 곳에
선 것을 보거든 (읽는
자는 깨달을진저) 그 때
에 유대에 있는 자들은
산으로 도망할지어다 ⑮
지붕 위에 있는 자는
내려가지도 말고 집에
있는 무엇을 가지러 들

어가지도 말며 ⑯ 밭에
있는 자는 걸옷을 가지
러 뒤로 돌이키지 말지
어다 ⑰ 그 날에는 아이
밴 자들과 젖 먹이는 자
들에게 화가 있으리로다
⑱ 이 일이 겨울에 일어
나지 않도록 기도하라
⑲ 이는 그 날들이 환난의
날이 되겠음이라 하나님
께서 창조하신 시초부터
지금까지 이런 환난이
없었고 후에도 없으리라
⑳ 만일 주께서 그 날들을
감하지 아니하셨더라면
모든 육체가 구원을 얻
지 못할 것이거늘 자기
가 택하신 자들을 위하

여　　그　날　들　을　　감　하　셨　느　니
라　　21　그　때　에　　어　떤　　사　람
이　　너　희　에　게　　말　하　되　　보
라　　그　리　스　도　가　　여　기　　있
다　　보　라　　저　기　　있　다　　하
여　도　　믿　지　　말　라　　22　거　짓
그　리　스　도　들　과　　거　짓　　선　지
자　들　이　　일　어　나　서　　이　적　과
기　사　를　　행　하　여　　할　　수　만
있　으　면　　택　하　신　　자　들　을
미　혹　하　려　　하　리　라　　23　너　희
는　　삼　가　라　　내　가　　모　든
일　을　　너　희　에　게　　미　리　　말
하　였　노　라　　24　그　때　에　　그
환　난　　후　　해　가　　어　두　워　지
며　　달　이　　빛　을　　내　지　　아
니　하　며　　25　별　들　이　　하　늘　에
서　　떨　어　지　며　　하　늘　에　　있

165

는 권능들이 흔들리리라
26 그 때에 인자가 구름을
타고 큰 권능과 영광으
로 오는 것을 사람들이
보리라 27 또 그 때에 그
가 천사들을 보내어 자
기가 택하신 자들을 땅
끝으로부터 하늘 끝까지
사방에서 모으리라 28 무
화과나무의 비유를 배우
라 그 가지가 연하여지
고 잎사귀를 내면 여름
이 가까운 줄 아나니
29 이와 같이 너희가 이
런 일이 일어나는 것을
보거든 인자가 가까이
곧 문 앞에 이른 줄
알라 30 내가 진실로 너

희에게 말하노니 이 세
대가 지나가기 전에 이
일이 다 일어나리라 (31)
천지는 없어지겠으나 내
말은 없어지지 아니하리
라 (32) 그러나 그날과 그
때는 아무도 모르나니
하늘에 있는 천사들도,
아들도 모르고 아버지만
아시느니라 (33) 주의하라
깨어 있으라 그때가 언
제인지 알지 못함이라
(34) 가령 사람이 집을 떠
나 타국으로 갈 때에
그 종들에게 권한을 주
어 각각 사무를 맡기며
문지기에게 깨어 있으라
명함과 같으니 (35) 그러므

167

로 깨어 있으라 집 주
인이 언제 올는지 혹
저물 때일는지, 밤중일
는지, 닭 울 때일는지,
새벽일는지 너희가 알지
못함이라 36 그가 홀연히
와서 너희가 자는 것을
보지 않도록 하라 37 깨
어 있으라 내가 너희에
게 하는 이 말은 모든
사람에게 하는 말이니라
하시니라

그러므로 깨어 있으라 집 주인이 언제 올는지
혹 저물 때일는지, 밤중일는지, 닭 울 때일는지,
새벽일는지 너희가 알지 못함이라 (마가복음 13장 35절)

34절에서 다른 나라로 떠나는 주인은 종들에게 자신이 없는 동안 책임지고 할 일을 맡겨요. 그리고 예수님은 이 비유를 통해 모든 사람에게 깨어 있으라고 말씀하세요. 아무도 예수님이 다시 오시는 그때를 알지 못하기 때문이에요.

그	러	므	로		깨	어		있	으	라
집		주	인	이		언	제		올	는	지
혹		저	물		때	일	는	지	,		밤
중	일	는	지	,		닭		울		때	일
는	지	,		새	벽	일	는	지		너	희
가		알	지		못	함	이	라			

암송한 말씀을 기억하며 아래의 문장에서 잘못된 곳을 고쳐보세요.

> 그러므로 준비하고 있으라
>
> 집 주인이 언제 올는지 혹 저물 때일는지,
>
> 밤중일는지, 닭 울 때일는지,
>
> 새벽일는지 너희가 알 수 있음이라
>
> (마가복음 13장 35절)

한 주 동안 성경을 따라쓰며 느낀 점을 한 줄 기도로 적어보세요.

예시) 크신 하나님이 나의 아버지가 되어주셔서 감사합니다.

① 이틀이 지나면 유월절
과 무교절이라 대제사장
들과 서기관들이 예수를
흉계로 잡아 죽일 방도
를 구하며 ② 이르되 민
란이 날까 하노니 명절
에는 하지 말자 하더라
③ 예수께서 베다니 나병
환자 시몬의 집에서 식
사하실 때에 한 여자가
매우 값진 향유 곧 순
전한 나드 한 옥합을
가지고 와서 그 옥합을
깨뜨려 예수의 머리에
부으니 ④ 어떤 사람들이
화를 내어 서로 말하되
어찌하여 이 향유를 허

비하는가 ⑤이 향유를
삼백 데나리온 이상에
팔아 가난한 자들에게
줄 수 있었겠도다 하며
그 여자를 책망하는지라
⑥예수께서 이르시되 가
만두라 너희가 어찌하
여 그를 괴롭게 하느냐
그가 내게 좋은 일을
하였느니라 ⑦가난한 자
들은 항상 너희와 함께
있으니 아무 때라도 원
하는 대로 도울 수 있
거니와 나는 너희와 항
상 함께 있지 아니하리
라 ⑧그는 힘을 다하여
내 몸에 향유를 부어
내 장례를 미리 준비하

였노니라 ⑨ 내가 진실로 너희에게 이르노니 온 천하에 어디서든지 복음이 전파되는 곳에는 이 여자가 행한 일도 말하여 그를 기억하리라 하시니라 ⑩ 열둘 중의 하나인 가룟 유다가 예수를 넘겨 주려고 대제사장들에게 가매 ⑪ 그들이 듣고 기뻐하여 돈을 주기로 약속하니 유다가 예수를 어떻게 넘겨 줄까 하고 그 기회를 찾더라 ⑫ 무교절의 첫날 곧 유월절 양 잡는 날에 제자들이 예수께 여짜오되 우리가 어디로

가서 선생님께서 유월절
음식을 잡수시게 준비하
기를 원하시나이까 하매
⑬ 예수께서 제자 중의
둘을 보내시며 이르시되
성내로 들어가라 그리하
면 물 한 동이를 가지
고 가는 사람을 만나리
니 그를 따라가서 ⑭ 어
디든지 그가 들어가는
그 집 주인에게 이르되
선생님의 말씀이 내가
내 제자들과 함께 유월
절 음식을 먹을 나의
객실이 어디 있느냐 하
시더라 하라 ⑮ 그리하면 큰
자리를 펴고 준비한 큰
다락방을 보이리니 거기

서 우리를 위하여 준비
하라 하시니 ⑯ 제자들이
나가 성내로 들어가서
예수께서 하시던 말씀대
로 만나 유월절 음식을
준비하니라 ⑰ 저물매 그
열둘을 데리시고 가서
⑱ 다 앉아 먹을 때에
예수께서 이르시되 내가
진실로 너희에게 이르노
니 너희 중의 한 사람
곧 나와 함께 먹는 자
가 나를 팔리라 하신대
⑲ 그들이 근심하며 하나
씩 하나씩 나는 아니지
요 하고 말하기 시작하
니 ⑳ 그들에게 이르시되
열둘 중의 하나 곧 나

176

와 함께 그릇에 손을
넣는 자니라 21 인자는
자기에 대하여 기록된
대로 가거니와 인자를
파는 그 사람에게는 화
가 있으리로다 그 사람
은 차라리 나지 아니하
였더라면 자기에게 좋을
뻔하였느니라 하시니라
22 그들이 먹을 때에 예
수께서 떡을 가지사 축
복하시고 떼어 제자들에
게 주시며 이르시되 받
으라 이것은 내 몸이니
라 하시고 23 또 잔을
가지사 감사 기도 하시
고 그들에게 주시니 다
이를 마시매 24 이르시되

이것은 많은 사람을 위
하여 흘리는 나의 피
곧 언약의 피니라 25 진
실로 너희에게 이르노니
내가 포도나무에서 난
것을 하나님 나라에서
새 것으로 마시는 날까
지 다시 마시지 아니하
리라 하시니라 26 이에
그들이 찬미하고 감람
산으로 가니라 27 예수께
서 제자들에게 이르시되
너희가 다 나를 버리리
라 이는 기록된 바 내
가 목자를 치리니 양들
이 흩어지리라 하였음이
니라 28 그러나 내가 살
아난 후에 너희보다 먼

저 갈릴리로 가리라 ²⁹
베드로가 여짜오되 다
버릴지라도 나는 그리하
지 않겠나이다 ³⁰ 예수께
서 이르시되 내가 진실
로 네게 이르노니 오늘
이 밤 닭이 두 번 울
기 전에 네가 세 번
나를 부인하리라 ³¹ 베드
로가 힘있게 말하되 내
가 주와 함께 죽을지언
정 주를 부인하지 않겠
나이다 하고 모든 제자
도 이와 같이 말하니라
³² 그들이 겟세마네라 하
는 곳에 이르매 예수께
서 제자들에게 이르시되
내가 기도할 동안에 너

179

희는 여기 앉아 있으라
하시고 33 베드로와 야고
보와 요한을 데리고 가
실새 심히 놀라시며 슬
퍼하사 34 말씀하시되 내
마음이 심히 고민하여
죽게 되었으니 너희는
여기 머물러 깨어 있으
라 하시고 35 조금 나아
가사 땅에 엎드리어 될
수 있는 대로 이때가
자기에게서 지나가기를
구하여 36 이르시되 아빠
아버지여 아버지께는 모
든 것이 가능하오니 이
잔을 내게서 옮기시옵소
서 그러나 나의 원대로
마시옵고 아버지의 원대

180

로 하옵소서 하시고 37 돌아오사 제자들이 자는 것을 보시고 베드로에게 말씀하시되 시몬아 자느냐 네가 한 시간도 깨어 있을 수 없더냐 38 시험에 들지 않게 깨어 있어 기도하라 마음에는 원이로되 육신이 약하도다 하시고 39 다시 나아가 동일한 말씀으로 기도하시고 40 다시 오사 보신즉 그들이 자니 이는 그들의 눈이 심히 피곤함이라 그들이 예수께 무엇으로 대답할 줄을 알지 못하더라 41 세 번째 오사 그들에게 이

르시되 이제는 자고 쉬
라 그만 되었다 때가
왔도다 보라 인자가 죄
인의 손에 팔리느니라
42 일어나라 함께 가자
보라 나를 파는 자가
가까이 왔느니라 43 예수
께서 말씀하실 때에 곧
열둘 중의 하나인 유다
가 왔는데 대제사장들과
서기관들과 장로들에게서
파송된 무리가 검과 몽
치를 가지고 그와 함께
하였더라 44 예수를 파는
자가 이미 그들과 군호
를 짜 이르되 내가 입그
맞추는 자가 그이니 그
를 잡아 단단히 끌어

가라 하였는지라 **45** 이에
와서 곧 예수께 나아와
랍비여 하고 입을 맞추
니 **46** 그들이 예수께 손
을 대어 잡거늘 **47** 곁에
서 있는 자 중의 한
사람이 칼을 빼어 대제
사장의 종을 쳐 그 귀
를 떨어뜨리니라 **48** 예수
께서 무리에게 말씀하여
이르시되 너희가 강도를
잡는 것같이 검과 몽치
를 가지고 나를 잡으러
나왔느냐 **49** 내가 날마다
너희와 함께 성전에 있
으면서 가르쳤으되 너희
가 나를 잡지 아니하였
도다 그러나 이는 성경

을 이루려 함이니라 하
시더라 50 제자들이 다
예수를 버리고 도망하니
라 51 한 청년이 벗은
몸에 베 홑이불을 두르
고 예수를 따라가다가
무리에게 잡히매 52 베
홑이불을 버리고 벗은
몸으로 도망하니라 53 그
들이 예수를 끌고 대제
사장에게로 가니 대제사
장들과 장로들과 서기관
들이 다 모이더라 54 베
드로가 예수를 멀찍이
따라 대제사장의 집 뜰
안까지 들어가서 아랫사
람들과 함께 앉아 불을
쬐더라 55 대제사장들과

온 공회가 예수를 죽이
려고 그를 칠 증거를
찾되 얻지 못하니 56 이
는 예수를 쳐서 거짓
증언하는 자가 많으나
그 증언이 서로 일치하
지 못함이라 57 어떤 사
람들이 일어나 예수를
쳐서 거짓 증언하여
이르되 58 우리가 그의
말을 들으니 손으로 지
은 이 성전을 내가 헐
고 손으로 짓지 아니한
다른 성전을 사흘 동안
에 지으리라 하더라 하
되 59 그 증언도 서로
일치하지 않더라 60 대제
사장이 가운데 일어서서

예수에게 물어 이르되
너는 아무 대답도 없느
냐 이 사람들이 너를
치는 증거가 어떠하냐
하되 ⑥¹ 침묵하고 아무
대답도 아니하시거늘 대
제사장이 다시 물어 이
르되 네가 찬송 받을
이의 아들 그리스도냐
⑥² 예수께서 이르시되 내
가 그니라 인자가 권능
자의 우편에 앉은 것과
하늘 구름을 타고 오는
것을 너희가 보리라 하
시니 ⑥³ 대제사장이 자기
옷을 찢으며 이르되 우
리가 어찌 더 증인을
요구하리요 ⑥⁴ 그 신성모

독 하는 말을 너희가
들었도다 너희는 어떻게
생각하느냐 하니 그들이
다 예수를 사형에 해당
한 자로 정죄하고 ⑥⑤ 어
떤 사람은 그에게 침을
뱉으며 그의 얼굴을 가
리고 주먹으로 치며 이
르되 선지자 노릇을 하
라 하고 하인들은 손바
닥으로 치더라 ⑥⑥ 베드로
는 아랫뜰에 있더니 대
제사장의 여종 하나가
와서 ⑥⑦ 베드로가 불 쬐
고 있는 것을 보고 주
목하여 이르되 너도 나
사렛 예수와 함께 있었
도다 하거늘 ⑥⑧ 베드로가

부인하여 이르되 나는
네가 말하는 것이 무엇
인지 알지도 못하고 깨
닫지도 못하겠노라 하며
앞뜰로 나갈새 ❻❾ 여종이
그를 보고 곁에 서 있
는 자들에게 다시 이르
되 이 사람은 그 도당
이라 하되 ❼⓿ 또 부인하
더라 조금 후에 곁에
서 있는 사람들이 다시
베드로에게 말하되 너도
갈릴리 사람이니 참으로
그 도당이니라 ❼❶ 그러나
베드로가 저주하며 맹세
하되 나는 너희가 말하
는 이 사람을 알지 못
하노라 하니 ❼❷ 닭이 곧

두 번째 울더라 이에
베드로가 예수께서 자기
에게 하신 말씀 곧 닭
이 두 번 울기 전에
네가 세 번 나를 부인
하리라 하심이 기억되어
그 일을 생각하고 울었
더라

이르시되 아빠 아버지여 아버지께는 모든 것이 가능하오니
이 잔을 내게서 옮기시옵소서 그러나 나의 원대로 마시옵고
아버지의 원대로 하옵소서 하시고 (마가복음 14장 36절)

'이 잔'은 예수님이 우리의 죄를 담당하셔서 고난 받고 죽으시는 것을 가리켜요. 그것은
아빠이신 하나님과 분리되는 괴로움을 주는 것이에요. 그렇지만 예수님은 자신이 원하는
것보다 하나님 아버지의 뜻에 순종하기를 더 원하셨어요.

이	르	시	되		아	빠		아	버	지	여
아	버	지	께	는		모	든		것	이	
가	능	하	오	니		이		잔	을		내
게	서		옮	기	시	옵	소	서		그	러
나		나	의		원	대	로		마	시	옵
고		아	버	지	의		원	대	로		하
옵	소	서		하	시	고					

암송한 말씀을 기억하며 아래의 문장에서 잘못된 곳을 고쳐보세요.

이르시되 아버지여 아버지여 아버지께는

모든 것이 불가하오니 이 잔을 내게서

옮기시옵소서 그러나 나의 원대로 마시옵고

하나님의 원대로 하옵소서 하시고

(마가복음 14장 36절)

한 주 동안 성경을 따라쓰며 느낀 점을 한 줄 기도로 적어보세요.

예시) 크신 하나님이 나의 아버지가 되어주셔서 감사합니다.

열다섯째 주

1 새벽에 대제사장들이 즉시 장로들과 서기관들 곧 온 공회와 더불어 의논하고 예수를 결박하여 끌고 가서 빌라도에게 넘겨 주니 2 빌라도가 묻되 네가 유대인의 왕이냐 예수께서 대답하여 이르시되 네 말이 옳도다 하시매 3 대제사장들이 여러 가지로 고발하는지라 4 빌라도가 또 물어 이르되 아무 대답도 없느냐 그들이 얼마나 많은 것으로 너를 고발하는가 보라 하되 5 예수께서 다시 아

192

무 말씀으로도 대답하지
아니하시니 빌라도가 놀
랍게 여기더라 ⑥명절이
되면 백성들이 요구하는
대로 죄수 한 사람을
놓아 주는 전례가 있더
니 ⑦민란을 꾸미고 그
민란중에 살인하고 체포
된 자 중에 바라바라
하는 자가 있는지라 ⑧
무리가 나아가서 전례대
로 하여 주기를 요구한
대 ⑨빌라도가 대답하여
이르되 너희는 내가 유
대인의 왕을 너희에게
놓아 주기를 원하느냐
하니 ⑩이는 그가 대제
사장들이 시기로 예수를

넘겨 준 줄 앎이러라
11 그러나 대제사장들이
무리를 충동하여 도리어
바라바를 놓아 달라 하
게 하니 12 빌라도가 또
대답하여 이르되 그러면
너희가 유대인의 왕이라
하는 이를 내가 어떻게
하랴 13 그들이 다시 소
리 지르되 그를 십자가
에 못 박게 하소서 14
빌라도가 이르되 어찜이
냐 무슨 악한 일을 하
였느냐 하니 더욱 소리
지르되 십자가에 못 박
게 하소서 하는지라 15
빌라도가 무리에게 . 만족
을 주고자 하여 바라바

는　놓아　주고　예수는
채찍질하고　십자가에　못
박히게　넘겨　주니라　(16)
군인들이　예수를　끌고
브라이도리온이라는　뜰
안으로　들어가서　온　군
대를　모으고　(17) 예수에게
자색　옷을　입히고　가시
관을　엮어　씌우고　(18) 경
례하여　이르되　유대인의
왕이여　평안할지어다　하
고　(19) 갈대로　그의　머리
를　치며　침을　뱉으며
꿇어　절하더라　(20) 희롱을
다　한　후　자색　옷을
벗기고　도로　그의　옷을
입히고　십자가에　못　박
으려고　끌고　나가니라

㉑ 마침 알렉산더와 루포의 아버지인 구레네 사람 시몬이 시골로부터 와서 지나가는데 그들이 그를 억지로 같이 가게 하여 예수의 십자가를 지우고 ㉒ 예수를 끌고 골고다라 하는 곳 (번역하면 해골의 곳)에 이르러 ㉓ 몰약을 탄 포도주를 주었으나 예수께서 받지 아니하시니라 ㉔ 십자가에 못 박고 그 옷을 나눌새 누가 어느 것을 가질까 하여 제비를 뽑더라 ㉕ 때가 제삼시가 되어 십자가에 못 박으니라 ㉖ 그 위에 있

는 죄패에 유대인의 왕

이라 썼고 (27) 강도 둘을

예수와 함께 십자가에

못 박으니 하나는 그의

우편에, 하나는 좌편에

있더라 (28) (없음) (29) 지

나가는 자들은 자기 머

리를 흔들며 예수를 모

욕하여 이르되 아 하 성

전을 헐고 사흘에 짓는

다는 자여 (30) 네가 너를

구원하여 십자가에서 내

려오라 하고 (31) 그와 갈

이 대제사장들도 서기관

들과 함께 희롱하며 서

로 말하되 그가 남은

구원하였으되 자기는 구

원할 수 없도다 (32) 이 스

라엘의 왕 그리스도가
지금 십자가에서 내려와
우리가 보고 믿게 할지
어다 하며 함께 십자가
에 못 박힌 자들도 예
수를 욕하더라 ㉝ 제육시
가 되매 온 땅에 어둠
이 임하여 제구시까지
계속하더니 ㉞ 제구시에
예수께서 크게 소리 지
르시되 엘리 엘리 라마
사박다니 하시니 이를
번역하면 나의 하나님,
나의 하나님 어찌하여
나를 버리셨나이까 하는
뜻이라 ㉟ 곁에 섰던 자
중 어떤 이들이 듣고
이르되 보라 엘리야를

부른다 하고 36 한 사람
이 달려가서 해면에 신
포도주를 적시어 갈대에
꿰어 마시게 하고 이르
되 가만 두라 엘리야가
와서 그를 내려 주나
보자 하더라 37 예수께서
큰 소리를 지르시고 숨
지시니라 38 이에 성소
휘장이 위로부터 아래까
지 찢어져 둘이 되니라
39 예수를 향하여 섰던
백부장이 그렇게 숨지심
을 보고 이르되 이 사
람은 진실로 하나님의
아들이었도다 하더라 40
멀리서 바라보는 여자들
도 있었는데 그 중에 막

달라 마리아와 또 작은
야고보와 요세의 어머니
마리아와 또 살로메가
있었으니 41 이들은 예수
께서 갈릴리에 계실 때
에 따르며 섬기던 자들
이요 또 이 외에 예수
와 함께 예루살렘에 올
라온 여자들도 많이 있
었더라 42 이 날은 준비일
곧 안식일 전날이므로
저물었을 때에 43 아리마
대 사람 요셉이 와서
당돌히 빌라도에게 들어
가 예수의 시체를 달라
하니 이 사람은 존경
받는 공회원이요 하나님
의 나라를 기다리는 자

라 ㉔ 빌라도는 예수께서
벌써 죽었을까 하고 이
상히 여겨 백부장을 불
러 죽은 지가 오래냐
묻고 ㊺ 백부장에게 알아
본 후에 요셉에게 시체
를 내주는지라 ㊻ 요셉이
세마포를 사서 예수를
내려다가 그것으로 싸서
바위 속에 판 무덤에
넣어 두고 돌을 굴려
무덤 문에 놓으매 ㊼ 막
달라 마리아와 요세의
어머니 마리아가 예수
둔 곳을 보더라

제구시에 예수께서 크게 소리 지르시되
엘리 엘리 라마 사박다니 하시니 이를 번역하면
나의 하나님, 나의 하나님 어찌하여 나를 버리셨나이까
하는 뜻이라 (마가복음 15장 34절)

예수님은 우리의 죄를 담당하시면서 하나님 아버지께서 자신을 버리시는 것을 느꼈어요.
우리가 받아야 할 하나님의 진노를 예수님이 당하신 거예요.

제	구	시	에		예	수	께	서		크	게
소	리		지	르	시	되		엘	리		엘
리		라	마		사	박	다	니		하	시
니		이	를		번	역	하	면		나	의
하	나	님	,		나	의		하	나	님	
어	찌	하	여		나	를		버	리	셨	나
이	까		하	는		뜻	이	라			

암송한 말씀을 기억하며 아래의 문장에서 잘못된 곳을 고쳐보세요.

제구시에 예수께서 크게 소리 외치시되

엘리 엘리 라마 사박다니 하시니

이를 번역하면 너의 하나님, 나의 하나님

어찌하여 나를 놔두셨나이까 하는 뜻이라

(마가복음 15장 34절)

한 줄 기도 ▶

한 주 동안 성경을 따라쓰며 느낀 점을 한 줄 기도로 적어보세요.

예시) 크신 하나님이 나의 아버지가 되어주셔서 감사합니다.

열여섯째 주

16장

① 안식일이 지나매 막달라 마리아와 야고보의 어머니 마리아와 또 살로메가 가서 예수께 바르기 위하여 향품을 사다 두었다가 ② 안식 후 첫날 매우 일찍이 해 돋을 때에 그 무덤으로 가며 ③ 서로 말하되 누가 우리를 위하여 무덤 문에서 돌을 굴려 주리요 하더니 ④ 눈을 들어 본즉 벌써 돌이 굴려져 있는데 그 돌이 심히 크더라 ⑤ 무덤에 들어가서 흰 옷을 입은 한 청년이 우편에 앉은 것

을 보고 놀라매 ⑥청년
이 이르되 놀라지 말라
너희가 십자가에 못 박
히신 나사렛 예수를 찾
는구나 그가 살아나셨고
여기 계시지 아니하니라
보라 그를 두었던 곳이
니라 ⑦가서 그의 제자
들과 베드로에게 이르기
를 예수께서 너희보다
먼저 갈릴리로 가시나니
전에 너희에게 말씀하신
대로 너희가 거기서 뵈
오리라 하라 하는지라
⑧여자들이 몹시 놀라
떨며 나와 무덤에서 도
망하고 무서워하여 아무
에게 아무 말도 하지

못하더라 ⑨ [예수께서
안식 후 첫날 이른 아
침에 살아나신 후 전에
일곱 귀신을 쫓아내어
주신 막달라 마리아에게
먼저 보이시니 ⑩ 마리아
가 가서 예수와 함께
하던 사람들이 슬퍼하며
울고 있는 중에 이 일
을 알리매 ⑪ 그들은 예
수께서 살아나셨다는 것
과 마리아에게 보이셨다
는 것을 듣고도 믿지
아니하니라 ⑫ 그 후에
그들 중 두 사람이 걸
어서 시골로 갈 때에
예수께서 다른 모양으로
그들에게 나타나시니 ⑬

두 사람이 가서 남은
제자들에게 알리었으되
역시 믿지 아니하니라
⑭ 그 후에 열한 제자가
음식 먹을 때에 예수께
서 그들에게 나타나사
그들의 믿음 없는 것과
마음이 완악한 것을 꾸
짖으시니 이는 자기가
살아난 것을 본 자들의
말을 믿지 아니함일러라
⑮ 또 이르시되 너희는
온 천하에 다니며 만민
에게 복음을 전파하라
⑯ 믿고 세례를 받는 사
람은 구원을 얻을 것이
요 믿지 않는 사람은
정죄를 받으리라 ⑰ 믿는

207

자들에게는 이런 표적이
따르리니 곧 그들이 내
이름으로 귀신을 쫓아내
며 새 방언을 말하며
⑱ 뱀을 집어올리며 무슨
독을 마실지라도 해를
받지 아니하며 병든 사
람에게 손을 없은즉 나
으리라 하시더라 ⑲ 주
예수께서 말씀을 마치신
후에 하늘로 올려지사
하나님 우편에 앉으시니
라 ⑳ 제자들이 나가 두
루 전파할새 주께서 함
께 역사하사 그 따르는
표적으로 말씀을 확실히
증언하시니라]

208

청년이 이르되 놀라지 말라 너희가 십자가에 못 박히신
나사렛 예수를 찾는구나 그가 살아나셨고 여기 계시지
아니하니라 보라 그를 두었던 곳이니라 (마가복음 16장 6절)

여인들이 예수님의 시체에 향품을 바르기 위해 무덤에 찾아갔지만 예수님의 시체는
거기에 없었어요. 여인들은 무덤이 빈 것을 확실히 보았어요. 십자가에서 죽으시고
장사되신 예수님은 분명히 부활하셨어요.

청	년	이		이	르	되		놀	라	지
말	라		너	희	가		십	자	가	에
못		박	히	신		나	사	렛		예	수
를		찾	는	구	나		그	가		살	아
나	셨	고		여	기		계	시	지		아
니	하	니	라		보	라		그	를		두
었	던		곳	이	니	라				

암송한 말씀을 기억하며 아래의 문장에서 잘못된 곳을 고쳐보세요.

청년이 이르되 걱정하지 말라 너희가 십자가에

못 박히신 나사렛 예수를 보는구나

그가 살아나셨고 여기 주무시지 아니하니라

보라 그를 두었던 곳이니라

(마가복음 16장 6절)

한 주 동안 성경을 따라쓰며 느낀 점을 한 줄 기도로 적어보세요.

예시) 크신 하나님이 나의 아버지가 되어주셔서 감사합니다.

사랑을 더하면 온전해집니다.

이 모든 것 위에 사랑을 더하라 이는 온전하게 매는 띠니라(골 3:14).

도서출판 사랑플러스는 이 땅의 모든 교회와 성도들을 섬기기 위해 국제제자훈련원이 설립한 출판 사역 기관입니다.

어린이를 위한 마가복음 쓰기 성경 필사노트

초판 1쇄 인쇄 2021년 11월 23일
초판 1쇄 발행 2021년 11월 30일

엮은이 사랑플러스 편집부
그림 및 디자인 박정아

펴낸이 오정현
펴낸곳 사랑플러스
등록번호 제2002-000032호(2002년 2월 15일)
주소 서울시 서초구 효령로68길 98(서초동)
전화 02)3489-4300 **팩스** 02)3489-4329
이메일 dmipress@sarang.org

ISBN 979-11-88402-13-7
ISBN 979-11-88402-10-6 (세트)

※ 책값은 뒤표지에 있습니다. 잘못된 책은 구입하신 곳에서 교환해 드립니다.